EXPOSITION UNIVERSELLE DE PARIS
1878

RAPPORT

SUR

LE CHAUFFAGE, LA VENTILATION,

L'ASSAINISSEMENT ET L'AMÉNAGEMENT DES PRISONS ET DES ÉTABLISSEMENTS DE L'ASSISTANCE PUBLIQUE ET D'UTILITÉ PUBLIQUE,

PAR

Félix ENGLEBERT,

INSPECTEUR DES CONSTRUCTIONS AU MINISTÈRE DE LA JUSTICE,
INGÉNIEUR DE L'ÉCOLE DU GÉNIE CIVIL DE GAND,
ANCIEN ÉLÈVE-INGÉNIEUR DE L'ÉCOLE SPÉCIALE DES MINES DE LIÉGE,
MEMBRE DE LA SOCIÉTÉ GÉOLOGIQUE
ET DE LA SOCIÉTÉ D'ÉCONOMIE POLITIQUE DE BELGIQUE.

PUBLICATION AUTORISÉE PAR M. LE MINISTRE DE LA JUSTICE.

BRUXELLES
FR. GOBBAERTS, IMPRIMEUR DU ROI, SUCCESSEUR D'EMM. DEVROYE
RUE DE LA LIMITE, 21

1879

RAPPORT

ADRESSÉ A M. BARA, MINISTRE DE LA JUSTICE.

EXPOSITION UNIVERSELLE DE PARIS
1878

RAPPORT

SUR

LE CHAUFFAGE, LA VENTILATION,

L'ASSAINISSEMENT ET L'AMÉNAGEMENT

DES PRISONS ET DES ÉTABLISSEMENTS DE L'ASSISTANCE PUBLIQUE

ET D'UTILITÉ PUBLIQUE,

PAR

Félix ENGLEBERT,

INSPECTEUR DES CONSTRUCTIONS AU MINISTÈRE DE LA JUSTICE,
INGÉNIEUR DE L'ÉCOLE DU GÉNIE CIVIL DE GAND,
ANCIEN ÉLÈVE-INGÉNIEUR DE L'ÉCOLE SPÉCIALE DES MINES DE LIÉGE,
MEMBRE DE LA SOCIÉTÉ GÉOLOGIQUE
ET DE LA SOCIÉTÉ D'ÉCONOMIE POLITIQUE DE BELGIQUE.

PUBLICATION AUTORISÉE PAR M. LE MINISTRE DE LA JUSTICE.

BRUXELLES
FR. GOBBAERTS, IMPRIMEUR DU ROI, SUCCESSEUR D'EMM. DEVROYE
RUE DE LA LIMITE, 21

1879

EXPOSÉ.

Le présent rapport, rédigé en exécution de la décision ministérielle du 19 septembre 1878, a pour objet de faire connaître ce qui, dans l'exposition universelle de Paris, était de nature à intéresser les divers services du Département de la Justice; il résulte d'une mission accomplie du 2 au 20 octobre 1878.

En l'absence d'un programme absolu, on s'est attaché à noter les objets exposés dans les sections des différents pays, en exceptant la Belgique par la double raison que nos compatriotes peuvent toujours, et avec facilité, connaître les inventions, les perfectionnements et les produits nationaux et qu'il importe d'écarter de ce travail toute idée de réclame directe ou indirecte.

Dans cet ordre d'idées, les éloges pompeux comme les critiques trop sévères ou absolues ont été évités avec soin.

Au Département de la Justice, les directions où le concours de l'inspecteur des constructions est réclamé sont :

Première direction. — Cultes et établissements de bienfaisance et d'aliénés.

Seconde direction. — Prisons et pénitenciers.

Le service de ce fonctionnaire se rattachant plus à la

seconde qu'à la première de ces deux directions, il n'a pas cru devoir s'étendre aussi longuement sur les objets intéressant cette dernière que sur ceux qui se rapportent plus particulièrement à la seconde direction. Cependant, il est des questions connexes qui motivent le développement qui leur a été donné. Ce sont les questions relatives à l'hygiène, au chauffage, à l'aérage et à l'assainissement. C'est en produisant les notes descriptives d'un grand nombre d'objets qui ont attiré l'attention du rapporteur, qu'il a pu aborder l'examen des idées actuellement admises et des progrès réalisés dans les différentes questions.

RAPPORT

SUR

LE CHAUFFAGE, LA VENTILATION, L'ASSAINISSEMENT

ET L'AMÉNAGEMENT

DES PRISONS ET DES ÉTABLISSEMENTS DE L'ASSISTANCE PUBLIQUE

ET D'UTILITÉ PUBLIQUE.

1. Construction de lazarets.

L'administration des prisons s'est inquiétée, avec raison, des conséquences terribles d'une épidémie surgissant dans de grands établissements pénitenciers et autres.

En effet, il ne s'agit pas seulement, dans les établissements de ce genre, d'avoir sous la main un service médical et pharmaceutique, il importe encore d'avoir à l'écart, pour éviter toute contagion, des locaux spacieux, convenables et d'une construction peu coûteuse.

Les villes elles-mêmes en reconnaissent l'utilité. Pendant les tristes événements de la guerre franco-allemande, la nécessité de l'établissement de locaux de cette espèce fut démontrée à l'évidence, et en même temps se produisirent des idées nouvelles sur le mode de construction à adopter.

Aujourd'hui, on est généralement d'accord sur l'utilité et

sur l'influence hygiénique qui résulteraient d'un système de construction baraquée pour l'établissement de ces sortes de lazarets dont le montage et le démontage s'opéreraient rapidement et avec facilité sur un emplacement judicieusement choisi.

Le kiosque du rocher de l'aquarium d'eau douce de l'Exposition universelle offre un exemple de ce mode de construction (¹).

Ce kiosque peut être démonté et transporté facilement. Entièrement construit en chêne huilé et teinté, ses panneaux sont réunis par des fers plats de $0^m,05$ sur $0^m,011$ d'épaisseur qui forment pinces ou étaux sur toute la longueur, et sont assemblés à queue sur la longueur des montants, comme l'indiquent les figures du plan I.

2. Bains cellulaires.

La maison cellulaire de Rouen possède un système de bains et d'ablutions dû au docteur Merry de Labost. Très-confortablement établis, ces bains n'exigent que 25 litres d'eau par individu.

La maison centrale de Poissy possède également un appareil de bains construit par M. E. Delaroche aîné, constructeur à Paris ; cet appareil présente des avantages matériels et une grande facilité de service. L'eau y est chauffée par la vapeur. L'éclairage s'y fait par l'extérieur de la cellule, au moyen d'une lanterne à réflecteur.

3. Mobilier scolaire.

Bien que nous n'ayons point à empiéter sur le domaine de l'enseignement, l'instruction primaire occupe en ce moment, si particulièrement l'attention du Gouvernement, elle est,

---

(¹) Constructeur M. O. André, à Neuilly-sur-Seine.

PL. I

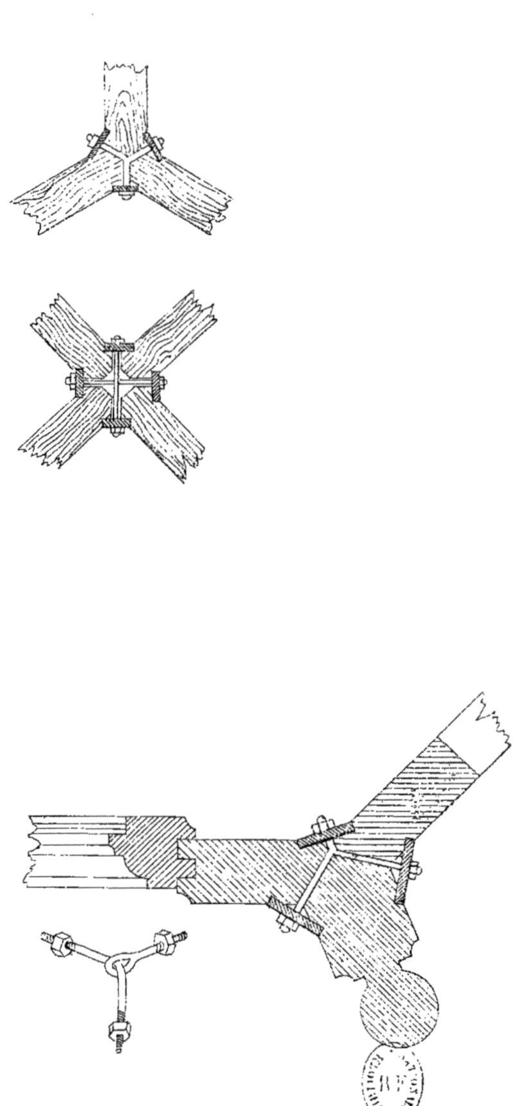

pour le Département de la justice, une si constante préoccupation, par rapport aux écoles de réforme de Saint-Hubert et de Ruysselede, etc., qu'il n'est possible de passer sous silence ni les conditions hygiéniques actuellement admises pour le mobilier des écoles, ni les dispositions spéciales de la table de travail étudiées au point de vue général de l'écolier, du lecteur ou de l'écrivain.

On sait que l'attitude du corps a beaucoup d'influence sur le fonctionnement des appareils digestifs, sur le développement corporel de l'enfant-écolier et quant à la conservation et même à l'amélioration de sa vue. On a généralement reconnu l'utilité, tant sous le rapport moral que sous le rapport physique, de modifier les types de mobilier employés encore actuellement dans les écoles.

Il importe, en effet, de surveiller l'attitude de l'enfant pendant ses heures de travail ou d'étude. C'est précisément, disent les spécialistes, pendant l'âge scolaire, que s'effectue le développement définitif du système osseux.

On constate qu'en Suisse, 20 p. % des écoliers et 40 p. % des écolières ont une épaule plus haute que l'autre.

Suivant M. Liebreich, il est nécessaire, si nous voulons regarder longtemps une surface plane, un livre par exemple, de le placer de telle sorte que la position moyenne de l'axe visuel, au-dessous de l'horizon, forme un angle d'environ 45 degrés; et nous devons conséquemment donner au livre une inclinaison qui le rende à peu près perpendiculaire à notre axe visuel, c'est-à-dire lui donner également une inclinaison de 45 degrés avec le plan de l'horizon.

Pour écrire, on a reconnu que l'inclinaison de 20 degrés est la plus favorable et que la distance entre le pupitre et le siége doit être de 5 pouces.

M. Liebreich formule sur ce sujet les propositions suivantes :

1° Employer un même modèle et une même dimension de pupitre, pour les enfants et pour les grandes personnes des deux sexes ;

2° Faire varier la hauteur du siége et celle du marchepied en les adaptant à la table de chaque enfant;

3° Etablir le bord de la table toujours perpendiculairement au-dessus du siége;

4° Proscrire les siéges sans dossier, et maintenir le haut de celui-ci, toujours à la hauteur du bord de la table pour les garçons, et 5 centimètres plus haut, pour les filles;

5° Dans toutes les classes, où les garçons changent de place, régler la hauteur du siége proportionnellement à la taille moyenne des élèves;

6° Dans les écoles de filles et dans les écoles de garçons, où ils ne changent pas de place, arranger le siége de chaque enfant exactement selon sa taille.

Evidemment, ce sont là des conditions auxquelles il est, sinon impossible, du moins très-difficile, de satisfaire complétement.

Cependant, un grand nombre de systèmes divers ont été imaginés et la combinaison de siéges et de tables à pièces mobiles, représentées pl. II et pl. III, nous a paru ingénieuse, hygiénique et économique. Cette combinaison est due à M. O. André, ingénieur-constructeur.

Le principe de la construction de ce mobilier consiste en une table à siéges séparés avec dossiers s'adaptant à la taille de l'enfant.

La table est à deux places; elle est vissée sur le parquet, et munie d'une barre d'appui *b*, qui s'élève ou s'abaisse sur un quart de cercle à crans *q*.

Chaque siége a une partie immobile formant plan incliné *i*, sur laquelle glisse la partie mobile *m*, qui supporte le siége et le dossier. Cette partie mobile, en s'élevant, s'approche de la table, dans les conditions mises en rapport avec la taille de l'élève.

La table se compose de deux pieds assemblés par goussets en forme de K, en fers cornières-méplats entre-toisés. La tablette de bois est montée sur fers en T; elle ne peut se déformer.

PL. II

PL. III.

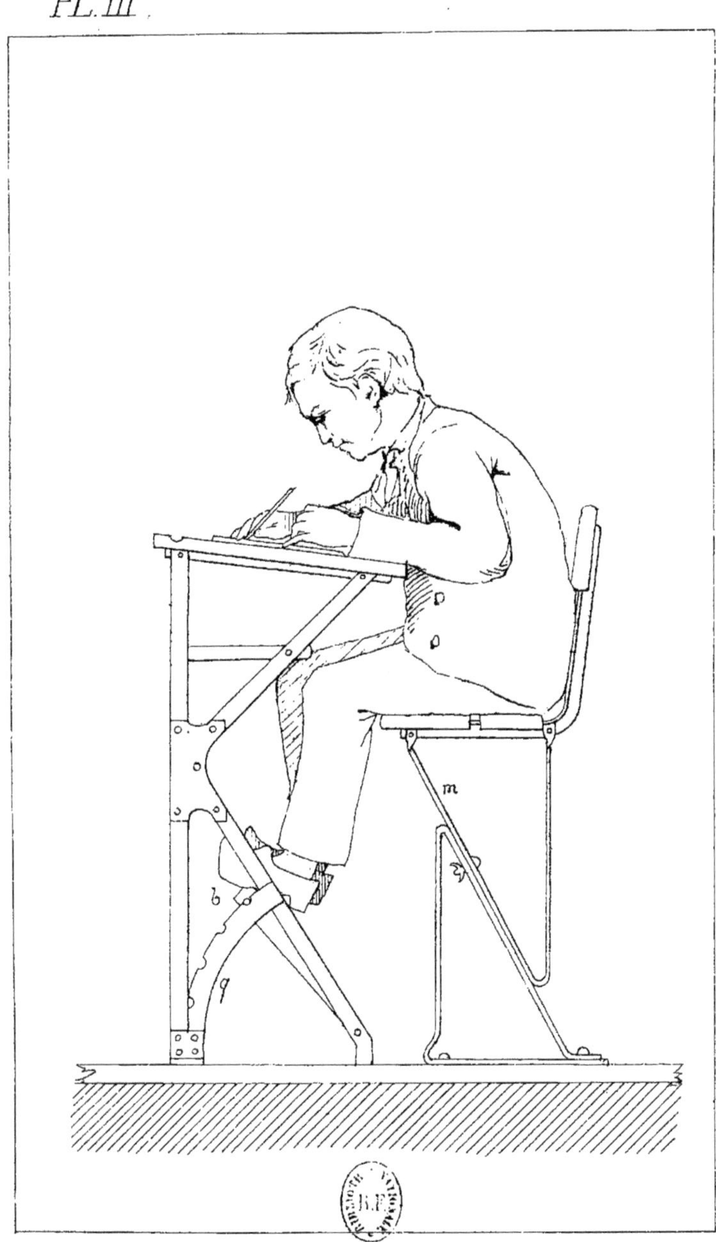

Le siége est formé de deux triangles en fer plat, assemblés par des goussets en tôle; un écrou permet d'arrêter le triangle *m* sur le triangle fixe *t*, à la hauteur convenable. Le siége et le dossier sont montés sur fer en T.

L'instituteur peut ainsi disposer les enfants dans la salle, sans tenir compte de la taille des écoliers et, cependant, satisfaire aux exigences pédagogiques.

En effet, il n'aura qu'à prendre les dispositions suivantes :

1° Pour les élèves de grande taille, il laisse la barre d'appui au cran inférieur et il baisse le siége (pl. III) ;

2° Pour les plus jeunes, il remonte la barre au cran supérieur (pl. II);

3° Pour ceux d'une taille intermédiaire, il règle le siége et la barre, suivant les proportions du torse et des jambes.

Enfin, plus l'enfant est petit, plus on resserre la distance entre le dossier et le bord intérieur de la table. Ainsi, quelle que soit sa taille, il est toujours convenablement assis et bien appuyé des reins.

Si le personnel de la classe change, ou si, dans le courant de l'année, l'instituteur veut modifier le groupement de ses élèves, il peut le faire, sans changer les meubles de place.

La table, y compris les deux siéges, coûte fr. 29-50, soit fr. 14-75, par place d'écolier. Le prix d'un encrier de fonte émaillée, avec fermeture de verre est de fr. 1-25.

Enfin, le poids total de la table et des deux siéges est de 32 $^1/_2$ kilogrammes.

4. Robinets à eau.

L'annulation du coup de bélier, c'est-à-dire la suppression complète du choc qui résulte de la fermeture brusque des robinets, fermant seuls par ressorts métalliques, ou brusquement à la main, comme dans les robinets à boisseau et à noix, est depuis longtemps l'objet de recherches.

Ainsi, à Paris, un arrêté préfectoral interdit l'emploi, pour la distribution d'eau dans les appartements, de robinets produisant des *coups de bélier* et pouvant être tenus ouverts autrement qu'à la main.

On sait, en effet, que le coup de bélier est une violente secousse résultant de la brusque fermeture de l'orifice de sortie de l'eau, et qui ébranle et peut même faire éclater les tuyaux de conduite. C'est le résultat de la réaction produite par l'arrêt brusque d'une colonne d'eau ayant une certaine puissance vive proportionnelle à sa masse et au carré de la vitesse; cette vitesse variant avec la pression, le coup de bélier est d'autant plus fort que la pression de l'eau est plus grande.

Deux systèmes de robinets ont particulièrement attiré notre attention, ils nous paraissent de nature à éviter, dans la mesure du possible, les effets destructeurs des coups de bélier.

Le premier a été inventé par M. Chameroy; en voici la description : ce robinet est représenté, pl. IV, fig. 1; il se compose d'une boîte A, raccordée ou soudée sur la conduite qui amène l'eau d'une seconde boîte B, intérieure à la première; elles communiquent par six ouvertures C, réparties sur la circonférence de la boîte B; celle-ci est fermée, d'un côté, par un bouchon à vis D, de l'autre, elle communique par l'ouverture F avec l'orifice de sortie de l'eau, G. A l'intérieur de la boîte B est un obturateur E destiné à boucher l'ouverture F; il est traversé, en son centre, par une tige à repoussoir H. L'espace annulaire, laissé entre cette tige et l'ouverture de l'obturateur, est formé par un clapet I qui s'appuie sur une rondelle en caoutchouc K, fixée dans une rainure intérieure de l'obturateur. A son extrémité antérieure, la tige H porte un bouton L, sur lequel on appuie pour déterminer l'ouverture du robinet. Un ressort M tend à fermer le petit clapet et, par suite, l'obturateur, lorsque le bouton L est libre.

Le robinet, étant au repos, se trouve fermé par l'effet du ressort; la rondelle N forme joint entre l'obturateur et l'ouverture F.

PL. IV

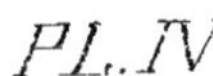

fig. 1.

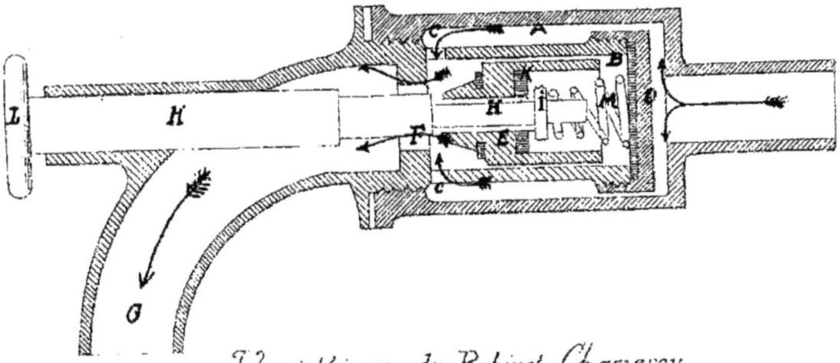

Vue intérieure du Robinet Chameroy.

fig. 2

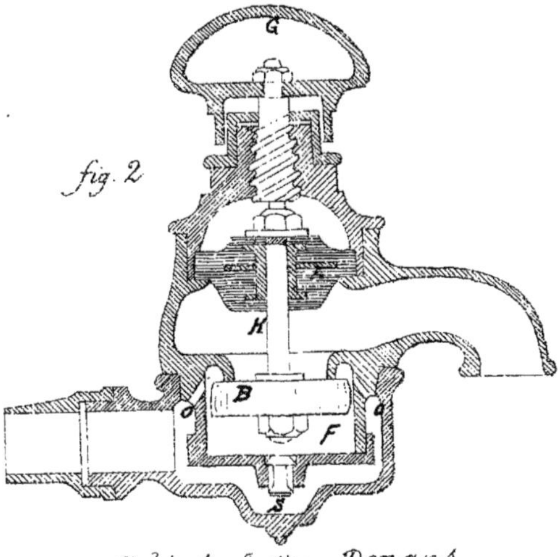

Robinet Système Denans.
annulant le coup de bélier.

Dans cette position, l'eau de la conduite, passant par les orifices G, puis autour de l'obturateur, par un petit espace annulaire, ménagé à cet effet, remplit la boîte B; cette eau est naturellement à la pression qui existe dans la conduite.

Dès lors, tout le mécanisme se comprend aisément. Pour ouvrir le robinet, on appuie sur le bouton L; le petit clapet s'ouvre; l'eau de la boîte B s'échappe et la pression y devient nulle, en continuant à pousser le bouton L; l'épaulement de la tige vient s'appuyer sur le nez de l'obturateur et détermine l'ouverture complète de l'orifice; l'eau s'écoule donc librement par l'orifice G.

Pour fermer le robinet, il suffit de cesser d'agir avec le doigt sur le bouton : l'action du ressort, aidée par l'effort dû à la différence de pression sur le devant et sur l'arrière du clapet, se trouve arrêtée. La forme conique du nez de l'obturateur a pour objet de diminuer progressivement la section de l'écoulement de l'eau par l'orifice E; il ne peut donc se produire qu'un coup de bélier inoffensif.

Un autre système de robinet annulant le coup de bélier a été inventé par M. Denans. Ce système paraît, aussi, donner de bons effets; en voici la description (pl. IV, fig. 2) :

Il fonctionne à l'aide de deux obturateurs A et B en caoutchouc; ceux-ci sont garnis intérieurement de pièces métalliques adhérentes par moulage.

Lorsqu'on veut ouvrir le robinet, on tourne avec la main le bouton G et l'on fait ainsi descendre la vis à quatre filets qui vient pousser la tige H portant les deux obturateurs.

L'obturateur B descend avec la tige et livre passage à l'eau qui passe par les trous O, pratiqués tout autour de la pièce.

Quand on cesse de tourner le bouton du robinet, l'élasticité de l'obturateur A fait remonter la tige H et, par conséquent, l'obturateur B qui ferme le passage.

En remontant le bouton, cet obturateur produit un effet d'aspiration dans la partie F qui se trouve fermée, à la partie inférieure, par la soupape S que vient pousser l'eau en charge. Cet effet force l'obturateur à remonter lentement et la fermeture s'opère sans produire le choc si préjudiciable, comme nous l'avons vu, à la conservation des conduites, notamment des tuyaux de plomb.

5. Ventilation de l'annexe de l'exposition du Ministère des Travaux Publics de France.

La ventilation d'un local de cette espèce semble avoir peu de rapport avec la ventilation des établissements ressortissant au Département de la justice. Mais l'heureux résultat obtenu au moyen d'un appareil ventilateur particulier, dont il sera parlé dans un autre chapitre, justifie la description suivante du dispositif adopté à cet effet.

La belle collection de modèles, dessins, photographies et documents de tous genres, exposée par le Ministère français des travaux publics, était très-complète; elle renfermait notamment des plans sur papier, artistement faits et d'une très-grande valeur. Ces plans sont, pour la plupart, tendus sur châssis de bois, sujets à déformation. De plus, la face du papier, du côté de la salle et celle adossée à la paroi de cette salle, étaient naturellement en contact avec des couches de l'atmosphère dans des états d'humidité différents. Il devait nécessairement arriver qu'au bout d'un certain temps d'exposition, ces plans sur châssis seraient gaufrés, même déchirés par l'effet des dilatations et des contractions inégales des deux faces du plan.

En outre, cette annexe consistant en un pavillon d'un style très-élégant, construit en matériaux de mince épaisseur, son atmosphère pouvait, pendant les journées chaudes de l'été, s'élever à un degré de température intolérable.

C'est ce qu'il fallait éviter.

Les dispositions suivantes furent prises pour combattre ces inconvénients sérieux :

D'abord, pour atténuer, autant que possible, l'action du rayonnement intérieur des parois échauffées par l'action solaire, les murs verticaux ont été doublés, en dedans, au moyen de cloisons en construction légère isolées des murs; et, pour une notable partie, les cartes et les dessins tendus sur cadre ont été disposés de manière à contribuer à former la double paroi intérieure désirée.

Ce dispositif eût été, du reste, inefficace sans le concours d'une puissante ventilation fraîche, produite au moyen d'une machine à vapeur mouvant le ventilateur.

La solution de ce singulier problème de ventilation fut confiée à MM. Geneste, Herscher et Ce; le nombreux public qui, pendant l'été, visita ce pavillon, put se convaincre que l'intérieur du local fut constamment entretenu dans un état de fraîcheur hygiénique des plus agréables. Quand on songe à la température souvent très-élevée de l'air puisé directement dans le parc du Champ-de-Mars, on comprend que le rafraîchissement préalable de l'air de ventilation ait été une autre condition essentielle du succès.

Ce résultat a été parfaitement atteint en utilisant l'eau froide disponible, sous forme de jets d'eau pulvérisée, installés sur le passage de l'air insufflé.

L'air, ainsi préparé dans le sous-sol du pavillon, immédiatement au-dessous du local à desservir, s'engageait tout autour de la salle, dans le vide réservé entre les murs et les doubles cloisons intérieures; il ne pénétrait dans la salle même qu'à la partie haute, après avoir, pour ainsi dire, rafraîchi les parois exposées à l'action de la chaleur solaire.

Il était fourni en quantité suffisante pour arriver dans l'enceinte à une température plus basse que celle qu'on désirait y maintenir. Cependant, aussitôt que le régime désiré était établi chaque jour, cet écart de température n'avait plus besoin que d'être faible, ce qui faisait éviter toutes causes de courants d'air froid.

L'expérience a aussi démontré incidemment que le refroidissement de l'air par contact direct avec l'eau froide ne produisait pas d'humidité dans la salle comme on pouvait le craindre à première vue. C'est la conséquence du fait connu que *la capacité hygrométrique de l'air croît avec la température.* Les cartes et les plans tendus tout autour de la salle, et qui n'ont eu aucunement à souffrir du rafraîchissement artificiel produit par la ventilation, ont fourni un témoignage patent de la réalité du principe que nous venons d'indiquer.

Les dispositions spéciales adoptées pour la ventilation de cette salle méritaient certainement d'être signalées.

6. Ventilateurs à hélice.

Les expériences faites par le professeur Ser, à l'Hôtel-Dieu, sur un ventilateur à hélice, décidèrent MM. Davioud et Bourdais, architectes-ingénieurs du palais du Trocadéro, à recourir à un appareil de ce genre pour la ventilation de la grande salle de cet édifice.

Les ingénieurs Geneste et Herscher, chargés de la construction des appareils d'aérage du Trocadéro, firent sur les ventilateurs à hélice des expériences nombreuses et intéressantes qui les amenèrent à donner à leur ventilateur la forme suivante, laquelle fait éviter complétement les rentrées d'air dans le voisinage de l'axe de rotation.

L'axe du ventilateur est garni d'un grand cône occupant l'*espace nuisible;* sur ce cône sont rivées des palettes héliçoïdales en tôle se recouvrant un peu et formant par leur ensemble une couronne annulaire autour du noyau central tronc-conique. Cette couronne annulaire s'évase également du côté de la sortie de l'air ; son enveloppe extérieure a donc aussi une forme tronc-conique.

Cet appareil donne d'excellents résultats : nous avons eu l'occasion d'assister à des essais qui en ont démontré l'efficacité.

Si nous sommes bien informés, un ventilateur du même

genre serait prochainement appliqué à l'aérage des locaux du nouveau Palais de Justice, à Bruxelles.

Les systèmes de ventilateurs à hélice exposés sont d'ailleurs très-nombreux, surtout ceux qui sont appliqués à l'aérage des mines. Outre ceux qu'ont imaginés nos compatriotes, nous pouvons citer :

1o Le ventilateur Guérin, de Paris;

2o Le ventilateur Haworth (Anglais);

3o Le ventilateur Heger, de Vienne ;

4o Le ventilateur Wazon.

On voit par là que les ventilateurs héliçoïdaux ont fait de grands progrès et qu'ils peuvent avantageusement lutter aujourd'hui avec les ventilateurs à force centrifuge, leurs aînés, dans les circonstances où il s'agit d'un déplacement d'air à faible pression.

7. Ventilateurs à injecteur de vapeur.

L'accélération du tirage des cheminées à fumée par le moyen de l'injection d'un jet de vapeur est connue et appliquée depuis un siècle, et même davantage. Ce système, dont le tirage des cheminées de locomotives est un exemple bien connu, a été récemment l'objet d'intéressantes combinaisons d'appareils. Mais, il y a quelques années, M. l'ingénieur Giffard (le même qui, pendant l'exposition, a fait l'entreprise du ballon captif), imagina un appareil à alimenter les chaudières à vapeur au moyen d'une injection de vapeur. Cet ingénieux appareil fit sensation dans le monde industriel et même dans le monde savant où la théorie de l'*entraînement* avait été jusqu'alors, sinon ignorée, du moins très-peu étudiée. De l'entraînement de l'eau à l'entraînement de l'air il n'y avait qu'un pas à franchir. Aussi, plusieurs savants, notamment MM. Glépin [1] et le professeur Tresca [2] étudièrent-ils cet intéressant

---

[1] *Mémoire sur la ventilation de mines*, par M. Glépin.

[2] *Annales du Conservatoire*, t. VIII.

phénomène, tandis que l'ingénieur Mehu imagina un appareil de ventilation fonctionnant par injection de vapeur. Cet appareil fut appliqué à l'aérage des mines. D'après Glépin, « avec des jets de vapeur à 5 atmosphères, l'appareil Mehu « produisait le plus grand travail utile, lorsqu'il était composé « de 6 tuyaux de 1 mètre de longueur sur 0m,20 de diamètre « et de 6 buses à vapeur cylindriques de 0m,006 de diamètre « intérieur ; l'effet utile s'est élevé à 5,5 p. %. »

Ce n'est là qu'une bien faible portion de la force motrice emmagasinée dans la vapeur à 5 atmosphères, mais ce résultat peu encourageant a été attribué à une disposition vicieuse ou incomplète de l'appareil Mehu.

M. le professeur Tresca fut plus heureux dans ses expériences. Il étudia les effets de l'entraînement de l'air, par des jets de vapeur, dans la cheminée d'appel du Conservatoire des arts et métiers. Il a constaté « que chaque kilogramme de « vapeur pouvait, avec un jet cylindrique de 0m,005 de dia- « mètre, entraîner 105 mètres cubes d'air ; la valeur moyenne « par kilogramme de vapeur s'est trouvée être de 90 mètres « cubes, à la vitesse moyenne de 0m,94 par 1''. »

Par ses expériences, M. Tresca en arrive à conclure que le rendement du système peut s'élever à un débit d'air de plus de 600 mètres cubes par kilogr. de houille utilisée à produire la vapeur.

Ce dernier résultat ne permet plus de révoquer en doute l'application prochaine du jet de vapeur à la propulsion des gaz et partant à l'aérage des édifices publics.

Plusieurs propulseurs à vapeur ont figuré, en 1876, à l'Exposition d'hygiène et de sauvetage de Bruxelles et celui que l'ingénieur Siemens a imaginé se retrouve à l'Exposition universelle de 1878.

Par l'injecteur Siemens, on obtiendrait, à l'aide de la vapeur à 3 atmosphères, un vide de 0m,61 de mercure et l'effet utile de l'appareil égalerait celui qu'obtiennent les souffleries et les pompes à air.

La disposition de l'appareil est rationnelle et combinée de façon à utiliser la force vive des gaz avec peu de perte due au choc de leurs molécules.

8. Ventilateurs à force centrifuge.

Le ventilateur à force centrifuge, c'est-à-dire à ailes ou palettes rotatives, remonte à une époque assez reculée (1728) ; il fut appliqué, vers 1736, à Londres, à la ventilation de la Chambre des communes.

Parmi ceux qui furent exposés en 1878, on remarquait, à la section anglaise, celui qui porte le nom de *ventilateur Cyclops*, exposant Bowson, de Londres. Bien qu'étant destiné aux forges, il peut être appliqué à l'aspiration et à l'évacuation des gaz impurs ou nuisibles.

Vient ensuite le *ventilateur double de Perrigault* (de Rennes) qui, d'après les expériences de M. le professeur Tresca, produit une moyenne d'effet utile de 44 p. % du travail moteur.

Enfin, le *ventilateur centrifuge Wazon* donnerait aussi d'excellents résultats et réaliserait l'avantage de diminuer notablement la perte de force vive des gaz.

9. Cheminées ventilatrices.

Les hautes cheminées sont et resteront toujours un moyen puissant et économique de l'aérage et de l'assainissement des locaux habités. La haute cheminée est, pour ainsi dire, le complément indispensable d'un système de ventilation générale des édifices d'utilité publique, par cela même qu'elle a pour principal résultat de rejeter à une grande hauteur et de disséminer dans l'atmosphère les miasmes ou les gaz corrompus des lieux habités.

Il ne manquait certainement pas, à l'Exposition de 1878, de spécimens de hautes cheminées : les unes, en briques ou en maçonnerie polychrome, aux chapiteaux décorés et munis de paratonnerre, les autres, métalliques, dont le sombre aspect ne pouvait être atténué que par l'ornementation de leur couronnement.

10. Poêles.

Sans nous arrêter particulièrement aux cheminées à foyer ouvert, pour l'usage domestique et pour le chauffage des appartements, il convient que nous disions quelques mots des poêles et des poêles calorifères, en raison de leur application dans les salles d'école, dans les ateliers et dans les salles communes dites « chauffoirs. »

Par leur disposition, *foyer clos*, les poêles sont des appareils de chauffage plus économiques que les foyers ouverts : tandis que les foyers ouverts utilisent à peine 7 à 8 p. % de la chaleur du combustible, les poêles fermés peuvent en utiliser jusqu'à 90 p. %. Aussi, la cheminée à foyer ouvert est-elle peu employée dans les pays du Nord.

Les poêles les plus répandus en Belgique, en Angleterre et surtout en France, sont les poêles de fonte. Ils sont d'une fréquente application au chauffage économique des logements d'ouvriers, des ateliers, des casernes, des hôpitaux, etc. Mais ils n'en constituent pas moins un chauffage insalubre par la raison que, pour la plupart, ils rougissent rapidement et produisent alors une quantité notable d'oxyde de carbone, gaz dont les effets sont malsains et asphyxiants. Les expériences de MM. Sainte-Claire-Deville, Troost, Morin, Urbain, Claude Bernard et Gréhant sont, à cet égard, des plus concluantes. On estime que le gaz oxyde de carbone à la dose d'un millième, dans l'atmosphère d'un appartement, peut y occasionner la mort :

« Une cloche en fonte, de 0m,015 d'épaisseur, formant foyer « avec tuyau d'échappement de fumée, fut entourée d'une « autre cloche en fonte qui reposait dans des rainures ména-

" gées à la base de la première. Les joints des cloches et " des tuyaux furent lutés avec soin.

" Deux tubulures, ménagées à la cloche-enveloppe, met- " taient l'intervalle des deux cloches en communication avec " un appareil d'analyse des gaz qui pouvaient s'y introduire.

" Les résultats des analyses de ces gaz ont établi le mélange " d'oxyde de carbone à l'air aspiré dans une proportion qui " s'est élevée jusqu'à 0,00132. "

En résumé, la présence, en forte proportion, du gaz oxyde de carbone dans l'atmosphère des locaux chauffés à l'aide de poêles de fonte peut provenir de plusieurs origines différentes et concurrentes :

" La perméabilité de la fonte pour ce gaz qui passerait de " l'intérieur du foyer à l'extérieur ;

" L'action directe de l'oxygène de l'air sur le carbone de la " fonte chauffée au rouge ;

" La décomposition de l'acide carbonique contenu dans " l'air, par son contact avec le métal chauffé au rouge ;

" L'influence des poussières organiques naturellement " contenues dans l'air. "

Un ingénieur, M. E. Muller, construit des poêles céramiques dont les bons effets hygiéniques ont été constatés par les expériences faites sous la direction du général Morin.

Le modèle exposé, en 1878, a le précieux avantage d'opérer la ventilation du local par l'extraction de l'air vicié à l'aide d'une enveloppe autour du tuyau de fumée qui assure le tirage et l'évacuation de cet air vicié.

En vue d'empêcher la fonte des poêles et des poêles calorifères de rougir, on a imaginé, dans ces temps derniers, de les armer d'ailettes en fonte dont l'action refroidissante est très-énergique en raison du rapprochement et du nombre de ces ailes.

Parmi les poêles calorifères imaginés suivant ce principe et exposés en 1878, nous citerons : les poêles calorifères Curney (Angleterre), le poêle calorifère Cuau, aîné ; le poêle calorifère Geneste et Herscher, les poêles calorifères de Musgrave et ceux de A. Reveilhac.

11. Prisons.

Il semblerait que le chauffage et la ventilation des prisons devraient trouver place immédiatement à la suite des articles précédents. Mais il nous a paru plus logique de commencer par la description des différents types de prisons que nous avons rencontrés à l'Exposition.

Nous devons à l'obligeance des gardiens de la section italienne, d'avoir pu prendre le croquis de différents types des prisons de ce pays, lesquels se trouvaient contenus dans de nombreux et volumineux albums des Travaux publics de l'Italie.

La planche V reproduit le croquis de la prison cellulaire de Turin, pour 500 hommes et 150 femmes. Voici la légende de ce croquis :

A, concierge et corps de garde;

B, bâtiments de l'administration ;

C, infirmerie ;

D, quartier des femmes.

E, bâtiment transversal; il comprend cuisine et dépendances au rez-de-chaussée, réfectoire des gardiens, magasins, cellule de punition et calorifères dans les caves.

A l'étage, se trouve la chapelle ayant une disposition particulière avec loges rayonnantes vers l'autel;

F, observatoire central.

G, quartier des hommes.

L, M et N, préaux.

Le chauffage est à tuyaux d'eau chaude (six tuyaux) circulant dans une gaîne et distribuant l'air chauffé, de la gaîne à chacune des cellules.

L'introduction de cet air dans les cellules s'effectue par le

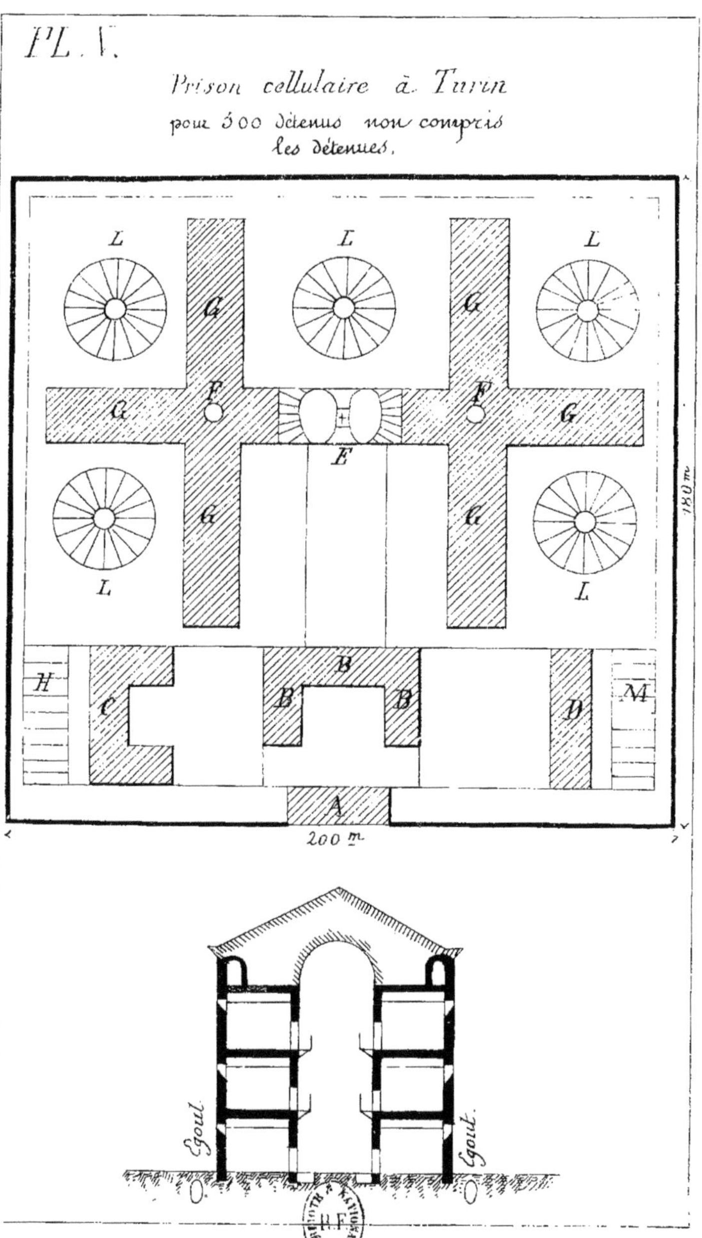
Pl. V.
Prison cellulaire à Turin
pour 300 détenus non compris
les détenues.
L
G
F
E
B
C
D
H
M
A
200 m
180 m
Egout.
Egout.

Pl. VI.

Milan

Prison cellulaire nouvelle

540 cellules ordinaires et 108 cellules spéciales

Echelle de 0.0005 p. 1 mètre.

260m

200m

haut, et, vers le bas, se trouve l'ouverture du tuyau d'évacuation de l'air vicié.

Les cellules ont 4 mètres de long, $2^{m},30$ de large et $3^{m},20$ de haut. Soit une capacité de $29^{m^3},440$.

Un siége fixe est placé dans chacune des cellules. Le produit de ces siéges s'écoule dans un égout extérieur longeant les façades de chacun des bâtiments. L'absence de détails ne permet pas de se rendre parfaitement compte du fonctionnement de ces appareils.

Cette prison cellulaire est construite sur un emplacement ayant environ 200^{m} sur 180^{m}; soit une superficie de $36,000^{m^2}$.

Nous remarquons, dans les plans d'une prison, plus ou moins fortifiée, de Rome (Giudiziario di S. Michaele), un dispositif qui rappelle en coupe la maison de sûreté de Namur et de la maison d'arrêt de Malines, c'est-à-dire une galerie pour une seule rangée de cellules disposées en deux étages sur rez-de-chaussée ([1]).

Viennent ensuite les plans de la prison cellulaire d'une certaine importance, construite récemment à Milan (pl. VI).

Ces plans portent pour titre :

Carcere giudiziario di Milano secondo il sistema d'isolamento assoluto. Cette prison contient 540 cellules ordinaires et 108 cellules spéciales. Les ailes, au nombre de six, sont à double rangée de cellules et à deux étages sur rez-de-chaussée. Elles ont 15 mètres de largeur sur 60 mètres environ de longueur et comprennent huit groupes de 30 préaux rayonnants. Les bâtiments du quartier des cellules spéciales ont une superficie de 100 mètres sur 50, environ.

A front principal, vers la rue, se trouve un bâtiment de 80 mètres sur 10, destiné à la direction, à l'administration, au greffe, aux bureaux, etc.

---

(1) Le cellulaire de la maison de force de Gand est aussi établi d'après ce dispositif. N. D. L'A.

Enfin, la superficie totale de l'enceinte est d'environ 26,000$^{m^2}$.

Le plan et le dispositif intérieur d'une cellule de cette prison sont reproduits, pl. VII.

Les encoignures, vers la galerie, sont coupées et servent, d'une part, à loger les conduits d'aérage, d'autre part, à l'établissement d'une latrine en forme de niche.

12. Pavillon du Ministère de l'Intérieur.

Le pavillon du Ministère de l'Intérieur renfermait, entre autres objets très-intéressants, de nombreux types de prisons.

Nous citerons, notamment, la maison centrale de correction de Clairvaux (Aube). Cet établissement est une ancienne abbaye, fondée par saint Bernard, en 1115, transformée aujourd'hui en maison de détention ;

La maison centrale de correction de Rennes (Ille-et-Vilaine), plan dressé par l'architecte A. Normand. Ce plan rappelle, dans son ensemble, le plan général de la maison de force de Gand ;

Le modèle, en petit, de la maison centrale de Gaillon (Eure). Cet établissement est surtout affecté au traitement des condamnés aliénés et des condamnés épileptiques. Il offre des bâtiments, avec jardins, pour la promenade des malades.

On rencontrait, exposés dans ce pavillon, les plans et les modèles de différents établissements de bienfaisance, que nos architectes, auxquels serait confiée l'étude de constructions de l'espèce, pourraient consulter avec fruit. Nous citerons notamment :

La maison de santé de Clermont (Oise) ;

La maison de secours de M. Cozette;

L'asile de Bailleul (Nord) ; grand établissement installé sur un vaste emplacement. Les différents quartiers forment un bel ensemble et sont groupés avec méthode, suivant les différentes catégories d'aliénés, divisés en deux grandes

Pl. VII

Milan

Prison cellulaire nouvelle.

Plan d'une cellule.

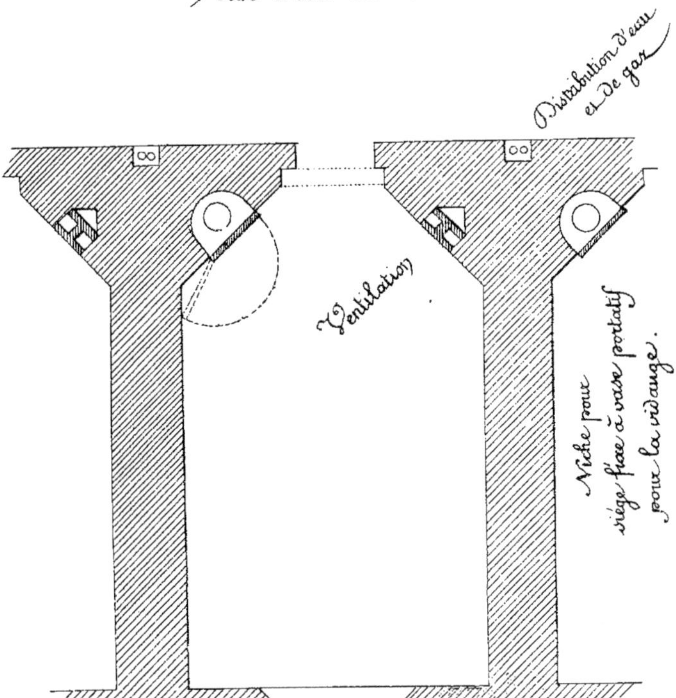

Distribution d'eau et de gaz

Ventilation

Niche pour siège fixe à vase portatif pour la vidange.

Échelle de 0,02 pr 1m.

sections : les pensionnaires et les indigents. Chacune de ces sections contient un quartier pour les maniaques, un quartier pour les malpropres et un quartier pour les agités. Une église-chapelle se trouve au centre de l'enceinte. Au front principal de l'établissement, se trouve, à gauche, le bâtiment de l'administration, et à droite de celui-ci, de vastes ateliers;

Les plans du pénitencier de Lenzbourg, construit en 1861-64, par l'architecte Moser, à Baden. Ces plans sont remarquables en ce qu'ils comprennent un dispositif de chapelle heureusement imaginé et analogue à celui qui a été conçu récemment par M. l'architecte Derre pour la prison nouvelle de Bruxelles. A ces plans très-remarquables, nous pourrions ajouter ceux de l'hospice pour les aliénés du royaume de Bohême, à Dobrzon et ceux de l'établissement d'aliénés de Kulparkon, près de Lemberg (Autriche, Gallicie).

Tout en constatant que la Belgique n'est pas restée en arrière pour ce qui concerne le genre d'établissements de bienfaisance, on doit reconnaître qu'en ceci, comme en tout, nous avons le plus grand intérêt à consulter ce qui existe et ce qui se fait à l'étranger.

Le pavillon de l'Exposition du Ministère de l'Intérieur renfermait, en outre, le modèle en grandeur d'exécution d'une cellule de prison, modèle construit d'après l'esprit de la loi du 5 juin 1875 et disposé conformément au programme arrêté le 27 juillet 1877.

Cette cellule a 4 mètres de longueur, 2m,50 de largeur et 3 mètres de hauteur; soit une capacité de 30 mètres cubes.

La porte de chêne d'une épaisseur de 0m,035, s'ouvre vers l'extérieur de la cellule; elle est ferrée de manière à pouvoir se rabattre complétement sur le mur de la galerie; sa largeur est de 0m,75. Elle est percée d'un guichet de distribution doublé, vers l'intérieur, de tôle galvanisée; la largeur de ce guichet est de 0m,16 et sa hauteur de 0m,20.

Le pêne de la serrure a la forme d'un verrou.

Pour la surveillance, un espion vitré, de 0m,02 de diamètre, est percé au-dessus du guichet; cet espion est muni, du côté extérieur, d'un obturateur retombant par son propre poids.

La fenêtre, de verre cannelé, est établie à 2 mètres du sol; les barreaux en sont disposés horizontalement et peuvent tourner, par leurs tourillons engagés dans les faces verticales de l'embrasure. A chacun de ces barreaux, se trouve fixé un cadre vitré qui, à l'aide d'un mécanisme, peut tourner autour du barreau de façon à occuper la position horizontale et permettre ainsi à l'air extérieur un libre accès dans la cellule.

La cuvette à eau est en fonte émaillée et la distribution d'eau n'est pas limitée.

Le vase à matières fécales est en tôle galvanisée; il est muni d'un obturateur; sa hauteur est de $0^{m},38$ et il est oblong. Il peut être enlevé de l'extérieur de la cellule par une ouverture étroite et précise, il glisse vers l'intérieur dans des rainures qui s'opposent à ce que le détenu puisse le déplacer au delà de ce qui est nécessaire à l'usage auquel ce vase est destiné; un tuyau d'évent est pratiqué dans l'épaisseur du mur pour le dégagement des gaz qui pourraient s'échapper du vase lorsque celui-ci est logé dans l'ouverture précitée.

Le balcon, pour le service des cellules de l'étage, est en bois, sur consoles en fer de fonte.

A l'intérieur de la cellule est disposé le bouton d'une sonnerie électrique qui fait, en même temps, mouvoir, par déclanchement, un indicateur placé à l'extérieur à côté de la porte.

L'échappement de l'air vicié s'effectue par un conduit ménagé dans l'épaisseur des murs, et présentant, à l'intérieur de la cellule, l'ouverture d'évacuation.

Le chauffage s'y opère par le moyen d'une circulation d'eau chaude, régnant au niveau du sol et logée dans une caisse en tôle dans laquelle l'air pur de l'extérieur vient s'échauffer pour se répandre ensuite dans la cellule par une ouverture grillée ménagée dans la caisse.

Un lit de camp, garni de sa literie, se rabat pendant le jour contre le mur. Une tablette servant de table se rabat de la même manière; enfin, une chaînette fixée à la muraille et au pied de la chaise maintient celle-ci à courte distance.

On remarquait, en outre, un modèle réduit de la partie centrale, avec chapelle, observatoire du centre et portion d'ailes d'une prison cellulaire. Ce modèle est aussi exécuté d'après l'esprit de la loi du 15 juin 1875 et conformément au programme du 27 juillet 1877.

Un exemplaire de cette loi et du programme s'y rapportant, ainsi qu'un exemplaire de divers plans-types de prisons cellulaires, conformes à ce programme, nous ont été obligeamment remis par M. Michon, du Département de l'Intérieur; ce fonctionnaire s'occupe activement de tout ce qui concerne le système et le régime pénitencier, en France.

Nous croyons devoir reproduire ici, *in extenso*, le premier de ces documents, en même temps que nous donnons des croquis et des extraits détaillés de ces plans.

" MINISTÈRE DE L'INTÉRIEUR.

" DIRECTION DE L'ADMINISTRATION PÉNITENTIAIRE.

" Le Ministre de l'Intérieur,

" Sur le rapport du directeur de l'administration pénitentiaire;

" Vu l'avis du conseil supérieur des prisons;

" Vu la loi du 5 juin 1875,

" Arrête :

" Article premier.

" Les projets relatifs à la construction ou à l'appropriation des prisons départementales suivant le système de la séparation individuelle devront, à l'avenir, être établis conformément aux indications du programme ci-annexé.

« Art. 2.

« Le directeur de l'administration pénitentiaire est chargé de l'exécution du présent arrêté.

« Fait à Paris, le 27 juillet 1877.

« Pour le Ministre :
« *Le Sous-Secrétaire d'État,*
« Bon Reille. »

« *Programme pour la construction ou l'appropriation des prisons départementales, en vue de la mise en pratique du système de la séparation individuelle.*

I

« CONSTRUCTION DE NOUVELLES PRISONS.

« 1. *Situation et configuration du terrain.*

« Il est préférable de placer les prisons à proximité du palais de justice, toutes les fois que les mouvements de population ne sont pas suffisants pour justifier la mise en service d'une voiture cellulaire pour le transport des prévenus et accusés allant à l'instruction ou à l'audience.

« Il importe, dans tous les cas, d'éviter toute facilité de communication orale ou visuelle avec le dehors.

« Le terrain ne devra être choisi qu'après l'adoption du plan d'ensemble, de façon qu'il puisse se prêter, par sa configuration, aux exigences spéciales d'une construction cellulaire, c'est-à-dire se trouver en forme allongée pour les petites maisons n'ayant qu'un corps de bâtiment tel qu'il sera décrit ci-après, ou bien d'une plus grande largeur relative, lorsqu'il y aura à édifier plusieurs ailes rayonnant vers un point central.

« 2. *Dispositions d'ensemble.*

« Les principales dispositions ont pour objet de faire rayonner ou converger les services généraux et les bâtiments de la détention vers un point central d'où les mouvements du personnel et de la population puissent être aisément dirigés et surveillés.

« Il sera tenu compte, pour la situation des galeries et des préaux, de l'importance relative de chaque établissement.

« Quelle que soit l'importance de la prison, le couloir desservant les cellules devra monter de fond, de manière que la surveillance puisse s'exercer sans obstacle dans toute la hauteur du cellulaire.

« Pour les plus petites prisons, et même pour celles où l'effectif ne dépasse pas le chiffre de cent détenus environ, on devra, autant que possible, n'établir qu'un seul corps de bâtiment comprenant, à l'entrée, les locaux pour le service d'administration et aussitôt après, une galerie à un rez-de-chaussée et à un ou deux étages. Dans ces conditions, le nombre des cellules peut être porté jusqu'à dix-huit ou vingt de chaque côté de la galerie.

« Les préaux séparés pour les hommes seront placés à l'extrémité de ladite galerie, un peu en contre-bas, de façon que ces préaux puissent être facilement surveillés de l'intérieur. On réservera, d'un côté des bâtiments, une ou plusieurs petites cours pour la promenade des femmes, et on placera, au côté opposé, les dépendances du service général.

« Lorsque l'effectif moyen dépasse sensiblement le chiffre de cent détenus, le mode de construction ne peut plus être aussi simple et aussi économique.

« Les prisons de cent à deux cents détenus comportent, au

moins, deux ailes ou galeries venant aboutir à un point central situé entre lesdites ailes et le bâtiment d'administration.

« Le nombre des ailes rayonnant vers le point central doit être augmenté en proportion du chiffre de la population, dans les plus grandes prisons, c'est-à-dire celles où l'effectif moyen est de plus de deux cents détenus.

« Tous les corps de bâtiments formant ailes doivent, autant que possible, être coupés à angle droit ou diminués de largeur au point d'intersection, afin de ne pas mettre obstacle à l'aération des locaux situés à l'entrée des galeries.

« Dans les grandes prisons, où le nombre des agents permet de placer ailleurs qu'au bout de la galerie le poste de surveillance, les préaux des hommes pourront être établis sur un autre point de l'établissement, mais à la condition d'éviter tout moyen de communication avec les cellules.

« 3. *Quartier des femmes.*

« Dans les prisons où il n'y a pas une aile spéciale pour le quartier des femmes, les cellules dudit quartier seront disposées de façon qu'aucune communication ne puisse s'établir entre les deux sexes.

« Un escalier spécial, fermé par une porte donnant aussi près que possible du bâtiment d'administration, sera la seule voie d'accès à tout quartier de femmes qui n'aura pu être isolé dans un corps de bâtiment spécial.

« 4. *Mur d'enceinte et chemin de ronde.*

« La prison doit être ceinte d'un mur de 6 mètres d'élévation, complétement isolé de tout bâtiment, soit de l'intérieur, soit de l'extérieur, et entourée d'un chemin de ronde non interrompu, ayant 4 mètres de largeur au minimum.

« Les encoignures des murs doivent être arrondies. On ne

placera sur aucune partie des murs d'enceinte ni larmier ni chaperon. Aucune annexe de nature à favoriser les évasions ne devra être adossée aux murs d'enceinte. Enfin, des précautions conçues dans le même ordre d'idées seront prises touchant les tuyaux de descente des eaux pluviales et tous autres objets en saillie sur les bâtiments, comme aussi, s'il y a lieu, en ce qui concerne la fermeture des bouches et tuyaux d'égout.

« 5. *Porte et cour d'entrée.*

« Il ne doit y avoir qu'une seule porte d'entrée dans le mur de ronde. Cette porte sera à panneaux pleins avec serrure à l'intérieur.

« Suivant l'importance de l'établissement, on disposera, à l'entrée, une cour assez grande pour laisser circuler les voitures cellulaires ou autres.

« 6. *Administration. — Greffe.*

« Les services administratifs exigent, suivant l'importance et la situation de l'établissement, un certain nombre de locaux qui doivent être isolés aussi efficacement que possible de la prison proprement dite, savoir :

« 1° Un logement pour le gardien-chef, et, s'il y a lieu, dans les grandes prisons, un appartement pour le directeur;

« 2° Un logement pour le gardien-portier, et, si besoin est, un corps de garde;

« 3° Un greffe, plus, le cas échéant, un cabinet pour le directeur; la pièce destinée au greffe peut servir aussi de lieu de dépôt pour les livres de la bibliothèque; si l'établissement est d'une assez grande importance (effectif moyen de cinquante détenus environ), il y aura, à proximité du greffe, de petites cellules d'attente pour les arrivants;

« 4° Une salle pour la commission de surveillance;

" 5° Dans les prisons où l'effectif moyen du quartier des femmes est de plus de dix détenues, un logement pour les sœurs chargées de la surveillance dudit quartier.

" Ce logement pourra être placé dans une partie du bâtiment d'administration; mais il sera situé de façon que l'entrée soit toujours, du côté de la détention, à proximité de la partie de galerie ou du corps de bâtiment destiné aux femmes.

" 7. *Services intérieurs.*

" BUREAU DU GARDIEN-CHEF. — POSTES ET CHAMBRES DE GARDIENS.

" Dans les plus petites prisons, le greffe sert en même temps de bureau pour le gardien-chef. La chambre de surveillance du gardien est alors placée à proximité, en un point prenant vue sur l'ensemble de la galerie.

" Dans les établissements d'une plus grande importance impliquant la création d'un rond-point central, le bureau du gardien-chef y sera installé dans une rotonde vitrée.

" Dans ces mêmes établissements, le poste des gardiens sera placé à l'entrée des galeries.

" 8. *Salle pour les avocats et le juge d'instruction.*

" Il y aura, soit au rond-point, soit à proximité du bureau du gardien-chef, soit à l'entrée des galeries, mais toujours à l'intérieur de la détention :

" 1° Une pièce servant de parloir pour les avocats ;

" 2° Une salle pour le juge d'instruction.

" Dans les petites prisons, une même pièce pourra être affectée à cette double destination.

" 9. *Parloirs.*

" Les parloirs seront placés à l'entrée de chaque galerie ou groupés à proximité du poste central.

« Ils se composeront de cases ou cellules affectées, les unes aux détenus, les autres aux visiteurs. L'espace entre les cellules sera séparé par des grillages, placés à la distance de 0m,80 au moins, garnis en fil de fer solide à mailles serrées.

« Des couloirs longeant chacune des séries de loges serviront, l'un aux mouvements des détenus, l'autre (celui qui est placé du côté de l'entrée du bâtiment de la détention) à l'entrée et à la sortie des visiteurs.

« La disposition de ces parloirs devra être telle qu'elle rende facile la surveillance, aussi bien que la communication des détenus avec leurs visiteurs.

« 10. *Culte.* — *École.*

« La chapelle doit être entièrement indépendante des autres services de la prison. Elle sera placée, suivant l'importance de l'établissement, soit dans un corps de bâtiment spécial, soit au rond-point central, au-dessus du poste de surveillance, soit encore, dans les petites prisons, dans un local faisant corps avec le bâtiment d'administration et aboutissant à l'entrée des balcons longeant les cellules.

« Dans le cas où la chapelle serait établie au rond-point central, le sanctuaire devra être séparé des galeries du cellulaire au moyen de cloisons vitrées.

« L'espace affecté aux détenus sera divisé en stalles individuelles.

« Ces stalles ou cases seront établies en menuiserie. Elles auront au minimum 2 mètres de haut sur 0m,60 de large et 0m,80 de profondeur. On les disposera de façon que les détenus puissent porter leurs regards sur l'autel sans se voir entre eux.

« Il convient mieux, si l'espace le permet, de séparer deux rangées de stalles par un couloir qui les dessert à droite et à gauche, de manière à pouvoir faire sortir au besoin un détenu de sa stalle sans déranger les autres détenus.

« Dans les prisons à plan rayonnant, les stalles seront bien placées dans les angles formés par l'écartement des ailes.

« Une place suffisante sera réservée pour mettre sur la plate-forme qui reçoit l'autel quelques prie-Dieu à l'usage des employés du service administratif de la prison. Il importe aussi de réserver des places pour les surveillants.

« Une partie de la chapelle sera utilisée, soit pour des conférences morales et instructives, soit pour l'enseignement scolaire.

« 11. *Bibliothèque.*

« Lorsque la collection de livres de lecture à l'usage des détenus nécessitera l'emploi d'un local spécial, il sera fait choix pour cette destination d'une pièce située à proximité du rond-point et de la chapelle.

« 12. *Services économiques. — Cellules de bains. — Cuisine.*

« Les cellules de bains seront placées soit au rez-de-chaussée, soit dans le sous-sol, de façon que l'on puisse utiliser le calorique du fourneau de la cuisine.

« Dans les prisons d'une certaine importance, on placera la cuisine, la salle d'épluchage et autres dépendances du service des vivres de cuisine, dans les parties de la détention qui communiquent le plus facilement avec les cours de service, en ayant soin, en même temps, de ne pas trop s'éloigner du poste central de surveillance.

« Dans le cas prévu par le paragraphe 5 de l'article 6, ces services devront être établis dans les dépendances du quartier des femmes.

« Dans tous les cas, il devra être pris des dispositions ayant pour objet de faciliter le transport des vivres de cuisine dans les cellules par l'emploi de treuils d'ascension et de chariots. Il importe aussi d'assurer une ventilation suffisante de la cuisine.

" 13. *Boulangerie. — Magasins d'approvisionnement. — Buanderie.*

" Les plus grands établissements comprennent, outre ce qui vient d'être mentionné :

" 1° Une boulangerie et des magasins à farine;

" 2° Des magasins généraux d'approvisionnement et un bureau pour l'entrepreneur.

" Le tout formant un corps de bâtiment spécial qui sera suffisamment isolé de la détention proprement dite, pour qu'il soit possible, au besoin, d'y employer des ouvriers libres.

" Ils comprennent également une buanderie, placée dans les dépendances du quartier des femmes.

" 14. *Lingerie. — Vestiaire.*

" Dans les petites prisons, les magasins de lingerie, de vestiaire, le dépôt de linge sale et la chambre de désinfection peuvent être installés au deuxième étage du bâtiment d'administration.

" Dans les prisons qui comportent la création de locaux spéciaux pour les services économiques, la lingerie et les autres services ci-dessus mentionnés seront placés dans lesdits bâtiments spéciaux, à proximité de la buanderie.

" 15. *Cellules.*

« *A.* DISPOSITIONS GÉNÉRALES.

« 1° *Cellules de valides.*

" Les cellules de valides devront réunir les conditions suivantes :

" 1° Leur dimension minima sera de 4 mètres de longueur, 2m,50 de largeur, 3 mètres de hauteur, soit une capacité de 30 mètres cubes d'air.

« 2° Les murs de séparation seront établis de façon à empêcher les communications d'une cellule à l'autre.

« 3° Elles seront ventilées, chauffées, éclairées, munies d'un appareil d'aisances et pourvues de la quantité d'eau nécessaire aux détenus tant pour la boisson que pour les soins de propreté, suivant ce qui sera dit plus loin.

« 4° Des dispositions seront prises pour que le détenu puisse, la nuit comme le jour, avertir le gardien de service, et pour qu'une surveillance puisse être exercée à l'intérieur de la cellule, sans que le prisonnier s'en aperçoive.

« 2° *Cellules de malades.*

« On devra réserver pour le traitement des détenus malades un nombre de cellules dont la proportion, par rapport à l'effectif, sera d'environ 5 p. %, sans qu'il y en ait cependant moins d'une pour chaque sexe.

« Les cellules d'infirmerie seront plus spacieuses que les cellules ordinaires ; leur capacité sera de 40 à 45 mètres cubes.

« L'accès de ces cellules sera tel qu'on puisse en approcher avec une civière.

« On aura soin de les placer, autant que possible, à l'exposition la plus convenable, et, dans les grandes prisons, de les grouper isolément sur un même point, de manière à former un quartier spécial.

« Dans ces derniers établissements, une cellule sera réservée pour la visite du médecin.

« 3° *Cellules de punition.*

« Les cellules de punition seront situées et disposées, autant que possible, de manière que les détenus ne puissent s'y faire entendre des autres prisonniers. Elles seront fermées par deux portes, à 1 mètre environ de distance l'une de l'autre ; la porte intérieure sera munie d'un guichet de distribution et d'un regard de surveillance. La fenêtre sera garnie d'un volet mobile, permettant de rendre à volonté la cellule complétement obscure.

« La proportion desdites cellules devra être de 2 p. % de la population; toutefois, il y en aura toujours une pour chaque sexe dans chaque prison, si peu importante qu'elle soit.

« 4° *Cellules d'observation.*

« Les cellules contiguës aux chambres de surveillance seront employées de préférence comme cellules d'observation, et, à cet effet, un guichet sera ménagé dans le mur de séparation. Elles pourront être d'une dimension double, de manière à contenir au besoin deux personnes.

« *B.* AMÉNAGEMENT INTÉRIEUR DES CELLULES.

« 1° *Cellules de valides.*

« Pour l'aménagement intérieur des cellules de valides, on suivra les prescriptions ci-après :

« La porte s'ouvrira vers l'extérieur des cellules; elle sera ferrée de manière qu'elle puisse se rabattre complétement sur le mur de la galerie et n'aura jamais moins de 2 mètres de haut sur 75 centimètres de large.

« Elle sera percée d'un guichet de distribution, doublé à l'intérieur, en zinc fort ou en tôle galvanisée, placé à environ 1m,30 du sol, ayant 16 centimètres de hauteur sur 20 centimètres de largeur, et se rabattant sur l'axe inférieur de manière à former tablette à l'extérieur.

« Un regard de surveillance sera ménagé au-dessus du guichet de distribution; il sera clos par un verre ou une toile métallique à mailles claires, et garni d'un obturateur se manœuvrant du dehors.

« La serrure devra être munie d'un cran d'arrêt pour empêcher le détenu de fermer la porte après que le gardien est entré dans la cellule.

« Toutes les serrures des cellules devront s'ouvrir à l'aide d'une même clef; le quartier des femmes aura sa serrure particulière.

« 2° La fenêtre vitrée, en verre cannelé ou strié, sera placée de façon que le détenu ait le plus de jour et d'air possible, sans qu'il puisse regarder ni à l'intérieur des cours et préaux, ni à l'extérieur de la prison. Elle sera établie à 2 mètres au moins du sol et aura 1m,20 de largeur sur 70 centimètres de hauteur environ. Son mécanisme sera combiné de manière qu'elle puisse s'ouvrir en entier. La manœuvre en pourra être faite par le détenu.

« A l'extérieur, la fenêtre sera garnie de forts barreaux de fer solidement encastrés. Ces barreaux seront placés dans le sens vertical et renforcés par un autre barreau placé horizontalement; l'écartement entre les barreaux verticaux ne dépassera pas 8 à 10 centimètres.

« 3° Il y aura dans chaque cellule un appareil de sonnerie, permettant au détenu d'appeler le gardien; en même temps que cet appareil mettra en mouvement un timbre commun à tout un quartier de la prison, il fera sortir du mur extérieur de la cellule une plaque servant de signal.

« 4° Le mobilier se composera d'un lit, d'une tablette, d'un siége à dossier et d'une étagère.

« Le lit sera fixé au mur et du modèle conforme à celui adopté par l'administration.

« La tablette formant table sera également fixée au mur, mais disposée de manière à pouvoir se relever; elle aura au minimum 60 centimètres sur 50 centimètres; la face postérieure sera peinte en noir, de façon à servir de tableau pour les exercices d'écriture et de calcul.

« Le siége à dossier sera placé à proximité de la table et retenu par une chaîne.

« L'étagère sera placée près de la porte, à 1m,50 environ

du sol, soit dans un angle de la cellule, soit sur un des côtés du mur intérieur, et sera toujours de petite dimension. Elle se composera de deux tablettes.

« Sous la tablette inférieure on fixera trois têtes de portemanteaux, assez faibles pour ne pas permettre le suicide par suspension.

« 2° *Cellules de malades.*

« Le mobilier des cellules d'infirmerie se composera d'un lit en fer, d'une table mobile et d'une chaise-fauteuil. Le cordon de tirage pour le signal d'appel sera placé à portée du lit du malade.

« 3° *Cellules de punition.*

« Le lit ordinaire, dans les cellules de punition, sera remplacé par un lit de camp en bois, solidement fixé dans un des angles de la cellule. Le vase mobile sera renfermé dans une caisse fixe en bois s'ouvrant sur le couloir.

« 16. *Chauffage.*

« Il sera pourvu au chauffage des cellules de manière que la température soit au minimum de 13 degrés, quelle que soit la température extérieure.

« Ce minimum sera de 15 degrés pour les cellules de malades.

« Dans les grandes prisons, le chauffage se fera au moyen de calorifères, soit à eau chaude, soit à vapeur, de préférence aux calorifères à air chaud. Les tuyaux seront placés au-dessus du sol des cellules et renfermés dans une caisse en tôle perforée, et à face mobile, de manière à rendre les réparations plus faciles. Ils seront disposés de façon à empêcher les communications des détenus de cellule à cellule.

« A l'une des extrémités de la caisse renfermant les tuyaux, sera pratiquée une ventouse par laquelle la chaleur pénétrera dans la cellule, et à cette ventouse correspondra une ouverture ménagée dans le mur extérieur pour l'introduction de l'air pur; le dessus de la caisse devra être aussi incliné que possible.

« Dans les petites et même dans les moyennes prisons, on devra s'attacher au procédé le plus simple et le moins coûteux, eu égard à la destination de la prison, aux facilités plus ou moins grandes qu'offrira la disposition des lieux et au climat de la contrée dans laquelle l'établissement sera construit. Les architectes ne devront pas perdre de vue que souvent il ne sera nécessaire de chauffer qu'un très-petit nombre de cellules. Les dispositions qui précèdent n'excluent pas l'étude du chauffage par le gaz.

« 17. *Ventilation.*

« Là où, indépendamment de la ventilation naturelle s'opérant par l'ouverture de la fenêtre, il sera nécessaire de recourir à la ventilation artificielle, on s'efforcera de l'avoir aussi active, mais aussi économique que possible. Pour les grandes prisons chauffées par des calorifères, on croit devoir recommander les indications qui suivent :

« La ventilation est combinée avec le chauffage, de manière à pourvoir les cellules d'air froid ou chaud, suivant la saison. Elle s'opère au moyen de deux conduits, dont l'un sert à l'introduction de l'air pur, et l'autre à l'extraction de l'air vicié. Ce dernier conduit est établi dans l'épaisseur du mur, du côté opposé à celui par lequel entrent l'air et la chaleur. Il est muni de deux orifices à registre, l'un au niveau du sol de la cellule, l'autre à la naissance de la voûte, et il aboutit, à son extrémité supérieure, dans un collecteur horizontal situé sous les combles et débouchant lui-même dans une cheminée verticale, que traverse le conduit de fumée du calorifère.

« 18. *Éclairage.*

« La prison sera éclairée dans toutes ses parties, suivant les besoins du service de surveillance, et de telle sorte aussi que chaque détenu puisse travailler le soir dans sa cellule.

« L'éclairage sera au gaz, dans toutes les localités pourvues d'une usine. Les conduites seront placées dans la galerie de surveillance de chaque aile, et resteront à jour. On prendra, toutefois, les précautions nécessaires pour que les détenus ne puissent les détériorer.

« Il y aura, dans chaque cellule, un bec à découvert, à l'extrémité d'une tige à genouillère, au-dessus de la table.

« Un robinet sera placé dans la galerie prés de la porte ; un second robinet, à l'usage du détenu, sera placé dans l'intérieur.

« L'éclairage des galeries sera distinct de celui des cellules.

« 19. *Distribution d'eau.*

« Il sera pourvu aux moyens d'approvisionner la prison de la quantité d'eau nécessaire pour les divers services, suivant les ressources des localités, et toujours aussi largement que possible.

« Dans toutes les villes possédant un système de distribution, on devra l'utiliser pour amener l'eau à la prison et dans les cellules, qui seront munies de petites cuvettes fixes en fonte émaillée, devant servir aux soins de propreté. L'évacuation de l'eau se fera au moyen d'un tuyau muni d'un clapet, et débouchant dans le système d'égouts de la prison.

« Là où il n'y aura pas de système de distribution, et où la prison sera de peu d'importance, il suffira de faire usage de brocs mobiles.

« 20. *Appareils d'aisances. — Vidange.*

« Il y aura, dans chaque cellule, un vase mobile, conforme au modèle qui sera adopté par l'Administration. Il sera placé près de la porte, dans une niche ventilée au moyen d'un petit tuyau d'aération qui se reliera, s'il y a lieu, au système de ventilation de la prison.

« Dans les établissements d'une certaine importance, si les vases ne sont pas transportés et vidés hors de la détentton, on disposera pour la vidange, à tous les étages, dans un cabinet situé à l'extrémité de la galerie, un évier à fermeture hydraulique. Les parois de ce cabinet devront être revêtues de matériaux émaillés ou imperméables, pouvant être facilement entretenus dans un état constant de propreté; le sol en sera également rendu imperméable; une forte ventilation y sera pratiquée; les matières tomberont par cet évier dans un égoût communiquant avec celui de la ville, ou avec une fosse située à l'extérieur de la détention. Ce système n'exclut pas celui des siéges fixes communiquant, au moyen de tuyaux de chute, avec la fosse ou avec le collecteur de la prison, là où il sera préférable d'en établir.

« 21. *Préaux*.

« Les préaux seront en nombre proportionné à l'importance de la prison, de telle sorte que chaque détenu ait au moins une heure de promenade par jour. Ils seront disposés par groupes en forme de roue ou d'éventail.

« Leurs dimensions seront de 8 à 12 mètres environ de longueur, et de 5 mètres de largeur à l'extrémité.

« Au centre de chaque groupe de promenoirs, on ménagera un observatoire pour le poste de surveillance (sauf ce qui a été dit plus haut pour les petites prisons, où les préaux pourront être surveillés de l'intérieur). Le sol de ce poste devra être élevé d'environ 50 à 60 centimètres au-dessus de celui des préaux. Les portes des préaux s'ouvriront sur l'observatoire ; elles seront pleines, avec guichet de surveillance ou à volets mobiles.

« L'extrémité de chaque préau sera fermée par une grille;

au-dessus de cette grille, on disposera, pour les mauvais temps, un auvent dont la pente sera dirigée vers l'extérieur. Le sol des préaux devra avoir une inclinaison suffisante pour faciliter l'écoulement des eaux pluviales.

« La hauteur des murs de séparation des préaux sera de 3 mètres, au minimum.

« Pour chaque groupe de préaux, on établira un cabinet d'aisances, à proximité de l'observatoire.

« Dans les grandes prisons, il y aura des préaux spéciaux pour les malades. Ces préaux, de dimensions plus vastes, seront annexés au quartier de l'infirmerie. Ils devront être plantés.

« 22. *Indications diverses.*

« L'architecte disposera une portion des combles de la prison de telle sorte, qu'en cas d'urgence ou d'excédant accidentel de la population, on puisse immédiatement y trouver une ou deux salles communes, suivant les besoins.

« Outre ce qui a été dit plus haut, le sous-sol des bâtiments sera utilisé pour les calorifères et les magasins de combustibles qui s'y rattachent. On pourra aussi y installer quelques cellules de travail, plus grandes que les cellules ordinaires, pour les industries exigeant une atmosphère plus fraîche ou un espace plus étendu (tissage, forge, serrurerie, menuiserie, etc.).

« Les fondements et les parties inférieures des bâtiments devront être faits de façon à prémunir le rez-de-chaussée complétement, contre l'humidité du sol. Le rez-de-chaussée, en général, devra être élevé, au-dessus du sol extérieur, de 1 mètre au minimum, au moyen de matériaux réfractaires à l'humidité.

« Le sol des cellules sera en matière dure, ou planchéié, suivant les ressources des localités. Les cellules d'infirmerie seront toujours planchéiées.

« Les murs seront soigneusement peints à l'huile, avec ou sans enduit ; les plafonds seront badigeonnés à la chaux.

« Il conviendra, autant que possible, d'employer des matériaux incombustibles, pour l'ensemble des constructions.

« Les escaliers devront être disposés en saillie à l'extrémité des galeries, de préférence aux escaliers en cage, de façon à prendre moins de place ; pour les marches, on recommande l'emploi de la fonte striée, avec le nez en bois.

« La largeur des galeries du cellulaire devra être de 5 mètres au minimum ; celle des balcons desservant les cellules, de 0m,90 entre le mur et le côté intérieur de la balustrade.

« Les balustrades ne devront pas avoir moins de 1m,30 de hauteur, et elles devront être établies de façon qu'un homme ne puisse pas passer au travers.

« Les tuyaux pour la conduite des eaux, du gaz, des matières fécales, etc., seront toujours à découvert, afin qu'on puisse les réparer sans difficulté ni sans grande dépense.

« Il sera établi au moins un ascenseur, ou monte-charge, par galerie.

« Les constructions devront toutes être exécutées avec simplicité et économie ; par conséquent, l'architecte devra s'abstenir entièrement de tout ce qui n'est qu'ornement, et ne pas perdre de vue que ce n'est pas un monument d'art qu'il édifie ; mais il aura soin de satisfaire à toutes les données nécessaires quant à la solidité, la sûreté, l'isolement, les chances d'incendie, les tentatives d'évasion ou de suicide.

« 23. *Mode de présentation des projets.*

« L'architecte devra joindre à tout projet de construction de nouvelles prisons :

« 1° Un plan général des lieux à l'échelle de 1 millimètre pour mètre, indiquant la masse des constructions projetées, avec les abords du terrain sur lequel elles doivent être établies ; ce plan devra toujours être accompagné de coupes permettant de bien apprécier le relief du sol ;

« 2° Les plans des fondements et ceux des divers étages, à l'échelle de 5 millimètres pour mètre;

« 3° Les coupes longitudinales et transversales, ainsi que les élévations des façades sur la même échelle ;

« 4° Les dessins, à l'échelle de 5 centimètres pour mètre, des principaux détails des constructions, et de ceux d'aménagement des cellules.

« 5° Un mémoire explicatif des vues et considérations qui auront déterminé l'adoption du projet dans son ensemble, et des dispositions de détail proposées par l'architecte ;

« 6° Un devis descriptif des ouvrages à exécuter, indiquant les conditions et les procédés d'exécution, la nature, la qualité des matériaux, et toutes les données nécessaires à l'appréciation des ouvrages.

« 7° Un métré et un devis estimatif de ces ouvrages, rédigé par corps de bâtiment ;

« 8° Un cahier des charges, et un modèle de soumission de l'entreprise.

« Toutefois, afin de faciliter le travail et d'abréger le temps nécessaire à l'étude complète du projet, l'architecte aura la faculté de soumettre à l'administration supérieure une esquisse ou avant-projet composé :

« Du plan de masse indiqué ci-dessus, sous le n° 1 ;

« Des plans des divers étages, à l'échelle seulement de 2 millimètres et demi pour mètre.

« Lorsque cet avant-projet aura reçu l'approbation ministérielle, l'architecte devra produire, en double expédition, toutes les pièces, relatées ci-dessus, des numéros 1 à 8. Les plans seront établis sur toile à calquer. Il fera toutes les corrections qui auront pu être reconnues nécessaires, jusqu'à ce que son projet ait reçu une approbation définitive. Alors, un exemplaire devra en être déposé dans les bureaux de la préfecture du département; un autre restera à Paris, dans les archives du Ministère. Ces plans seront réunis dans des albums spéciaux, préparés à cet effet pour le contrôle que l'administration pénitentiaire doit exercer, en vertu de la loi, pendant l'exécution des travaux.

« La décision du Ministre, sur les avant-projets et les plans définitifs, sera prise après avis du Conseil de l'inspection générale des prisons.

« II.

« TRANSFORMATION OU APPROPRIATION DES PRISONS EXISTANTES.

« Les projets de transformation et d'appropriation des prisons départementales actuelles au régime de l'emprisonnement individuel devront satisfaire, autant que possible, aux prescriptions du présent programme. A part celles de ces prescriptions qui, ayant en vue la séparation individuelle des détenus, sont strictement obligatoires, les détails d'organisation intérieure, tels que le chauffage, l'éclairage, la ventilation, la distribution d'eau, etc., seront réglés, ainsi que la disposition de la chapelle et des préaux, dans les meilleures conditions possibles, eu égard à l'état de choses déjà existant, à la destination de la prison et aux ressources financières qui pourront être affectées auxdits projets de transformation ou d'appropriation. Les projets seront présentés dans la forme prescrite pour les constructions nouvelles.

« Vu pour être annexé à notre arrêté en date de ce jour.

« Paris, le 27 juillet 1877.

« *Le Ministre de l'Intérieur,*
« Pour le Ministre :
« *Le Sous-Secrétaire d'Etat,*
« Bon REILLE. »

Nous donnons ci-après des extraits des plans relatifs à cet objet ; les plans originaux sont dressés par MM. les architectes E. Vaudremer et A. Normand (pl. VIII à XVIII).

PL. VIII

Specimen de prison cellulaire.
pour 23 détenus
sexe masculin 18, sexe féminin 5.

Surface totale 32a 34c

Échelle 0,002 pr 1m.

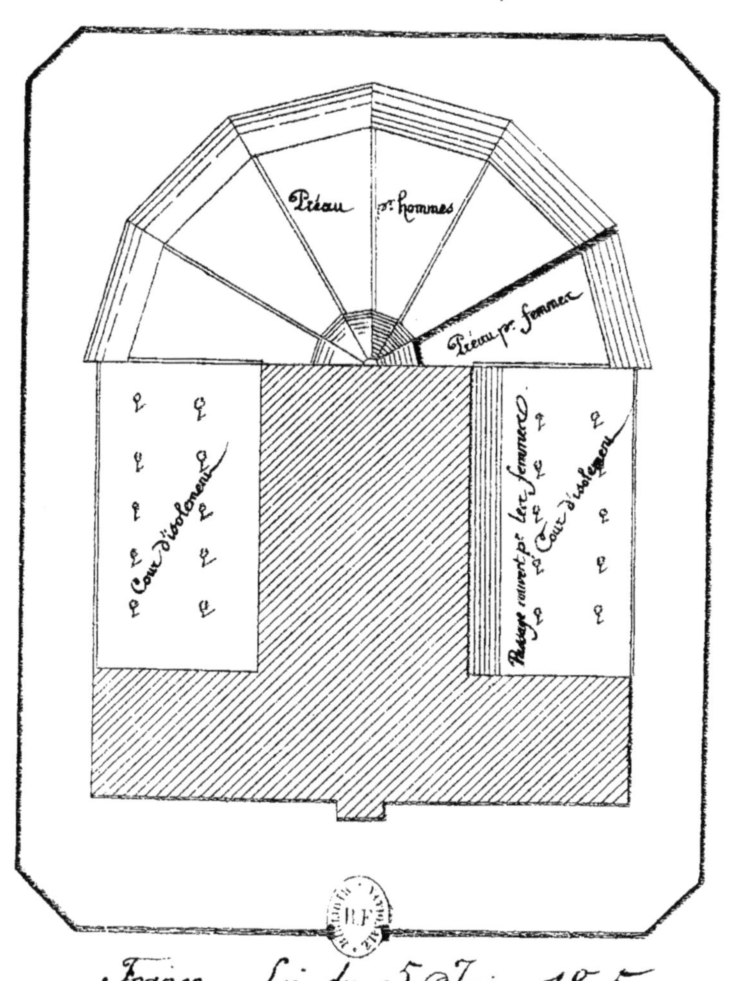

France. _ Loi du 5 Juin 1875.

Specimen _ 23 detenus : 18 hommes , 5 femmes _ Côte droit

Pl. IX

Préau pour femmes

W.C

Cour d'isolement

Passage couvert pour les femmes.

Quartier des hommes.

Cellule.

Cellule

Chambre du Surveillant

Escalier Femmes

W.C.

W.C

Logement du Gardien Chef

Greffe.

Echelle de 0,005 p.r 1 m.

Plan du Rez-de-Chaussée.

France _ Loi du 5 Juin 1875.

PL. X.

Specimen 23 détenus : 18 hommes, 5 femmes (Côté gauche).

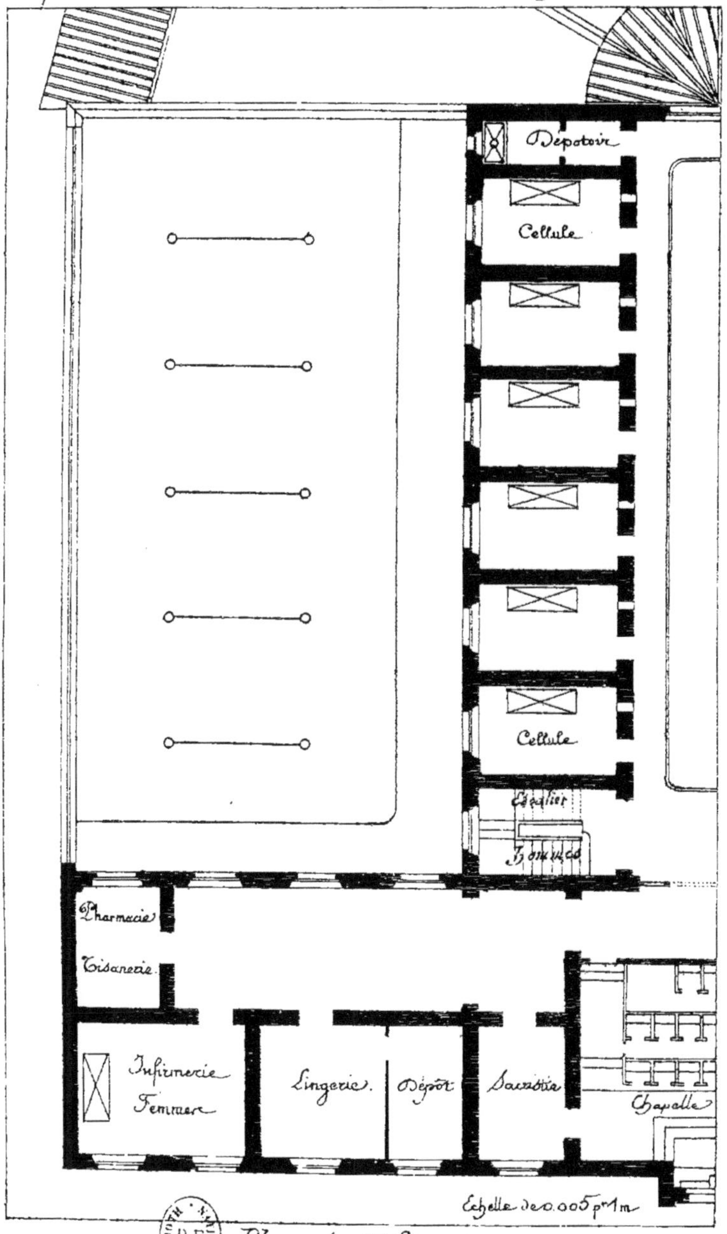

Dépotoir

Cellule

Cellule

Escalier

Hommes

Pharmacie

Tisanerie

Infirmerie

Femmes

Lingerie.

Dépôt

Sacristie

Chapelle

Echelle de 0.005 p^r 1m

Plan du 1er Etage.

France. _ Loi du 5 Juin 1875.

(Côté gauche)

Specimen._ 23 détenus : 18 hommes, 5 femmes _ Rez de Chaussée.

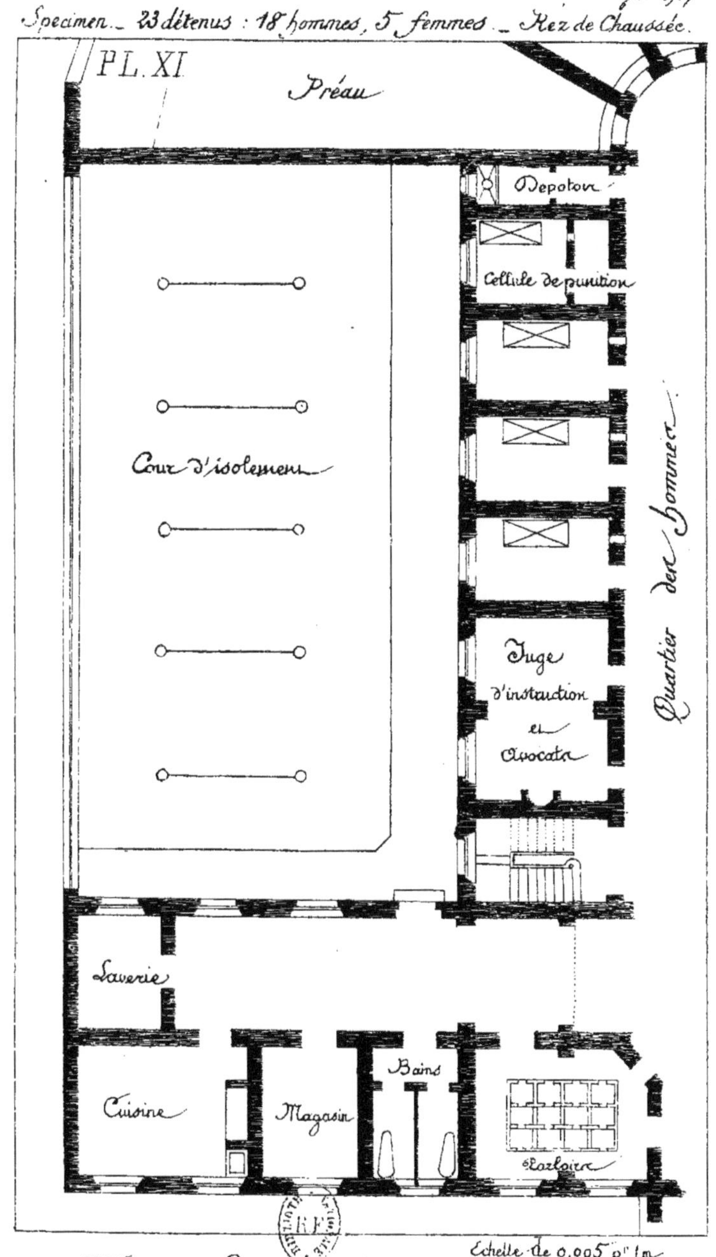

Echelle de 0,005 p^r 1m.

France._ Loi du 5 Juin 1875.

PL. XII

Specimen. — 23 détenus : hommes 18 ; femmes 5. — Étage — Côté droit

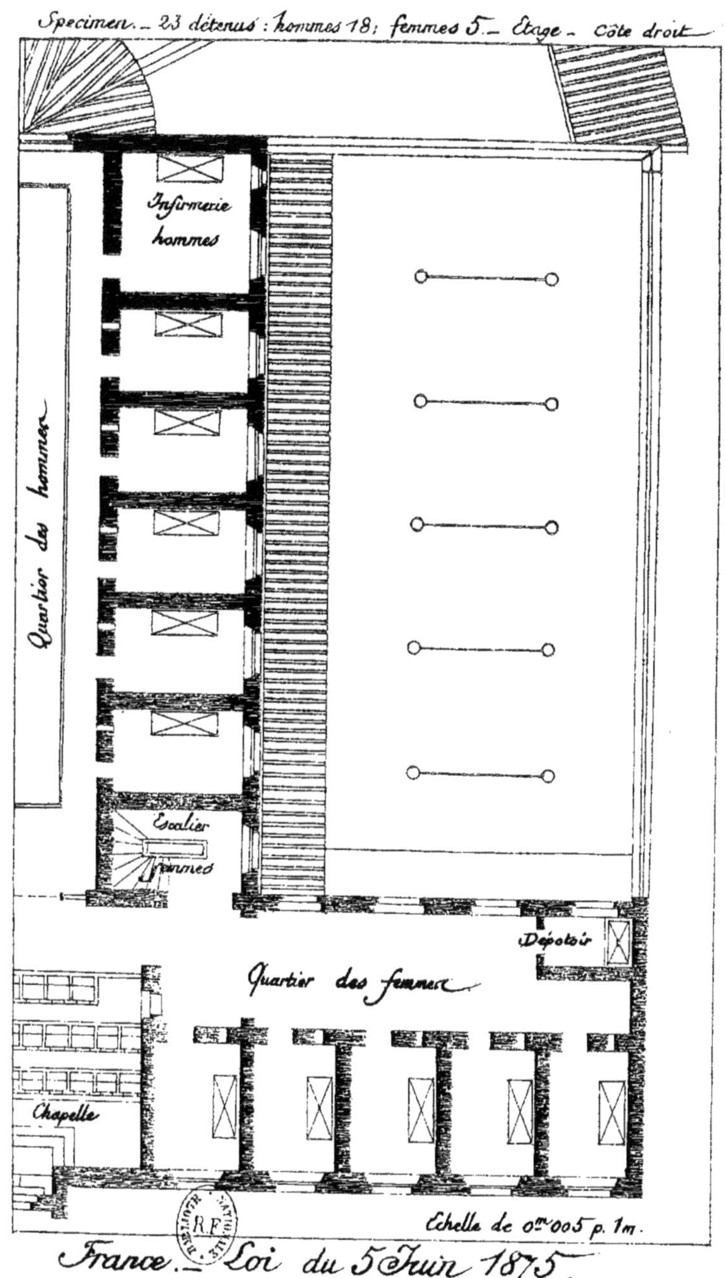

France. — Loi du 5 Juin 1875.

PL. XIII

Spécimen de prison cellulaire
pour 55 détenus
dont sexe masculin 43, féminin 12
Surface 54 a. 70 c.

Echelle de 0m 001 pr 1 m.

Légende.

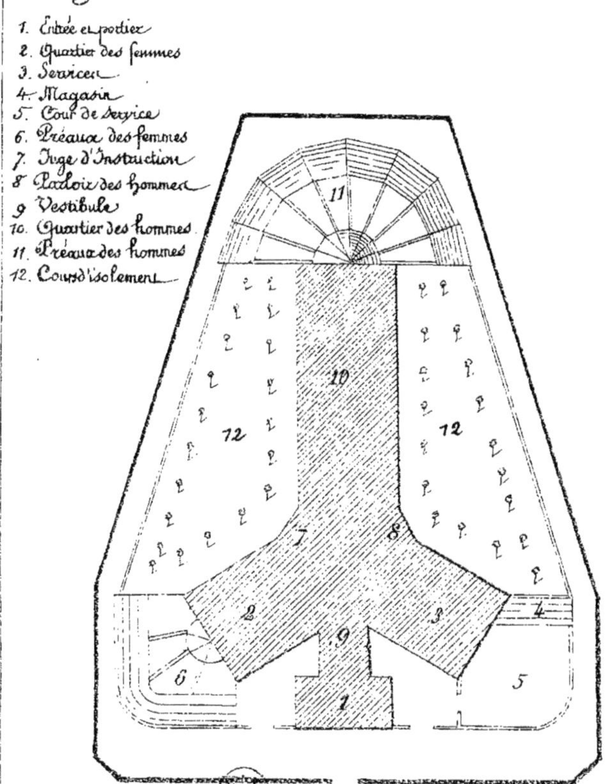

France Loi du 5 Juin 1875.

Premier Étage. Côté droit.
55 détenus, hommes 43, femmes 12.

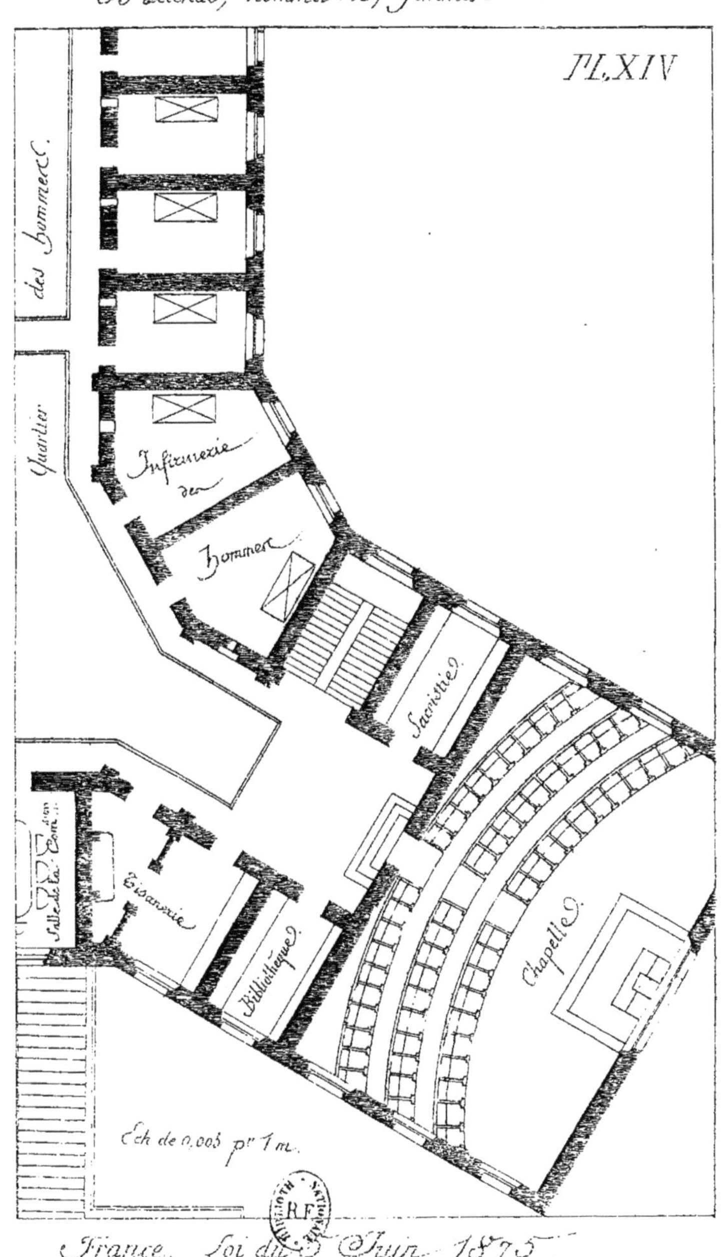

France. Loi du 5 Juin 1875.

PL. XV.

Specimen. 55 détenus : 43 hommes, 12 femmes (Côté gauche).

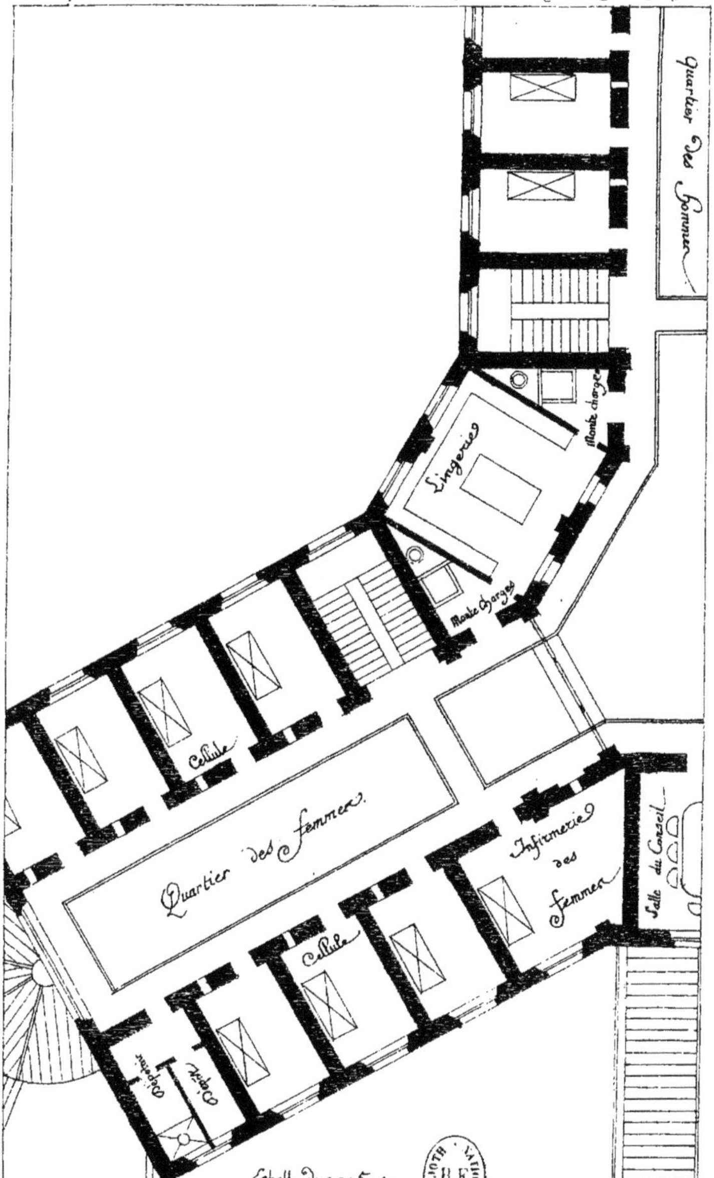

Quartier des hommes

Lingerie

Monte charges

Monte charges

Cellule

Quartier des femmes

Infirmerie des femmes

Salle du Conseil

Cellule

Dépotoir

Dépôt

Echelle de 0,005 p. 1 m.

Plan du 1er Etage.

France. Loi du 5 Juin 1875.

PL XVI

Spécimen de prison cellulaire
pour 186 détenus
Sexe masculin 150 — Sexe féminin 36.
Répartis en trois étages, non compris les cellules de punition et celles d'infirmerie.

Légende

1	Corps de Garde	9	Quartier des hommes
2	Gardien-portier	10	Quartier des femmes
3	Remise et cour de service	11	Centre d'observation
4	Bureau et cour de service	12	Infirmerie
5	S. de la Com. Cabinet du Directeur	13	Buanderie
6	Greffe, cellules d'attente, Magasin, &a	14	Cour de la buanderie
7	Chambre à farine, en dessous pétrin	15	Préaux de l'infirmerie
8	Cuisine, dépense en dessous	16	Préaux des hommes
	Surface : 1h 62a 87c.	17	Préaux des femmes.

France : — Loi du 5 Juin 1875.

PL. XVII

Specimen. 186 détenus: hommes 150, femmes 36 — Rez-de-Chaussée.

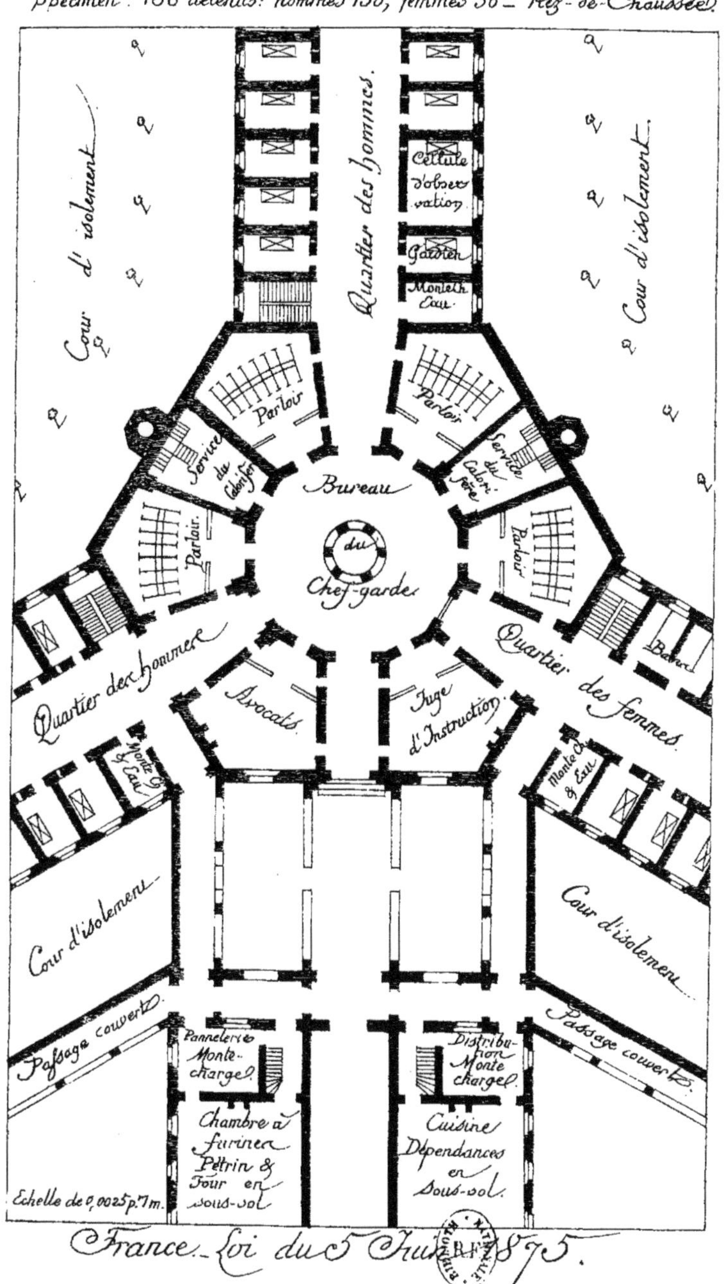

France. — Loi du 5 Juin 1875.

PL. XVIII

Specimen. _ 186 détenus ; hommes 150, femmes 36 _ Premier Etage.

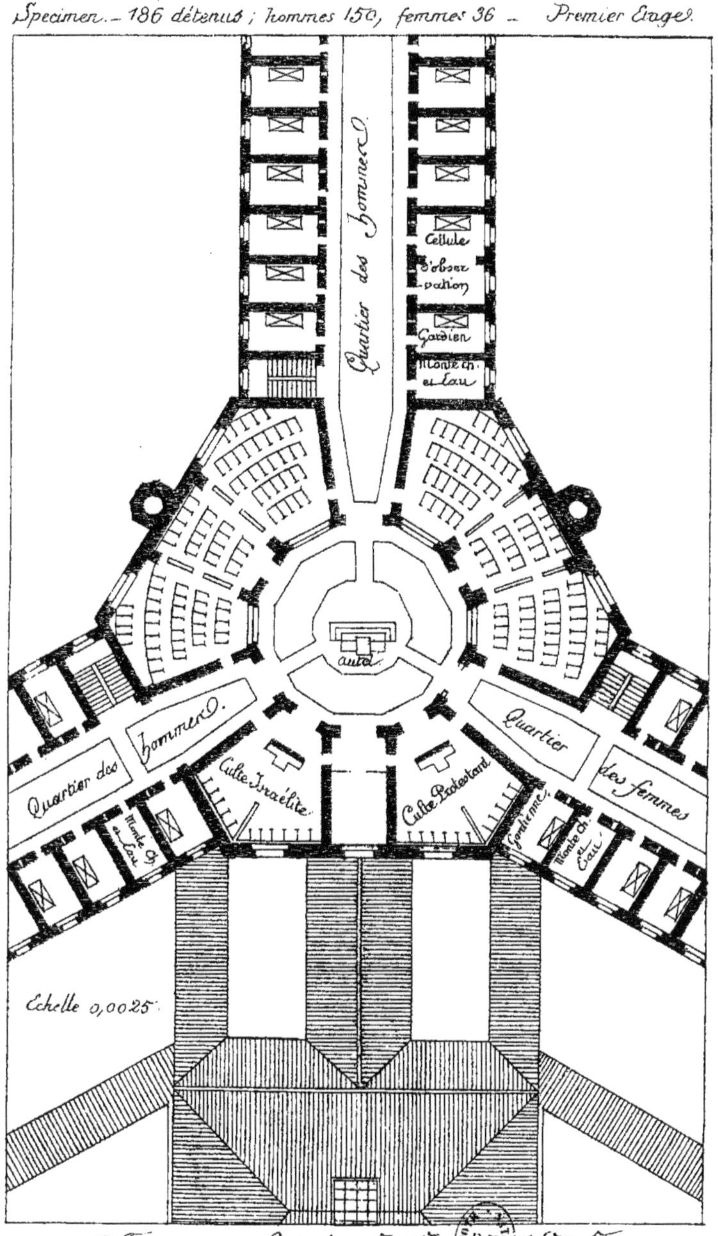

France. _ Loi du 5 Juin 1875.

PL. XXI

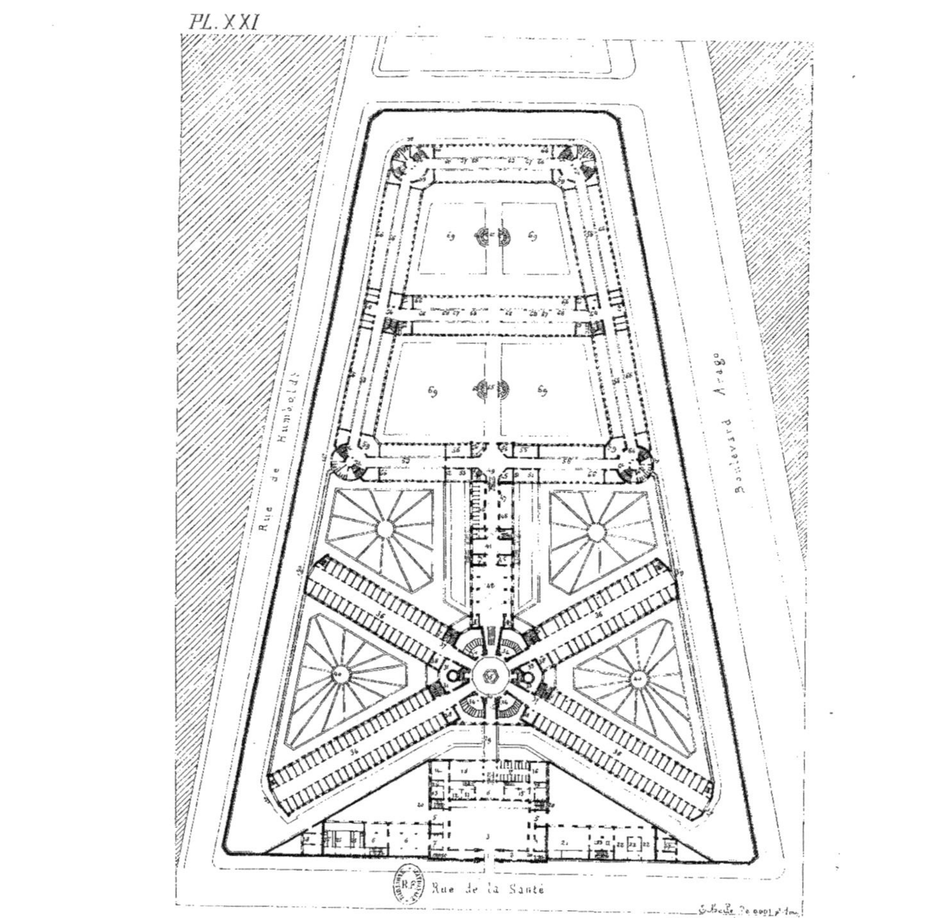

PARIS NOUVELLE MAISON D'ARRÊT ET DE CORRECTION.

RUE DE LA SANTÉ. M. E. VAUDREMER, Architecte

PL. XX

PRISON DE LA SANTÉ

Echelle de 0.005 m. pour mètre

PRISON DE LA SANTÉ

PL. XIX.

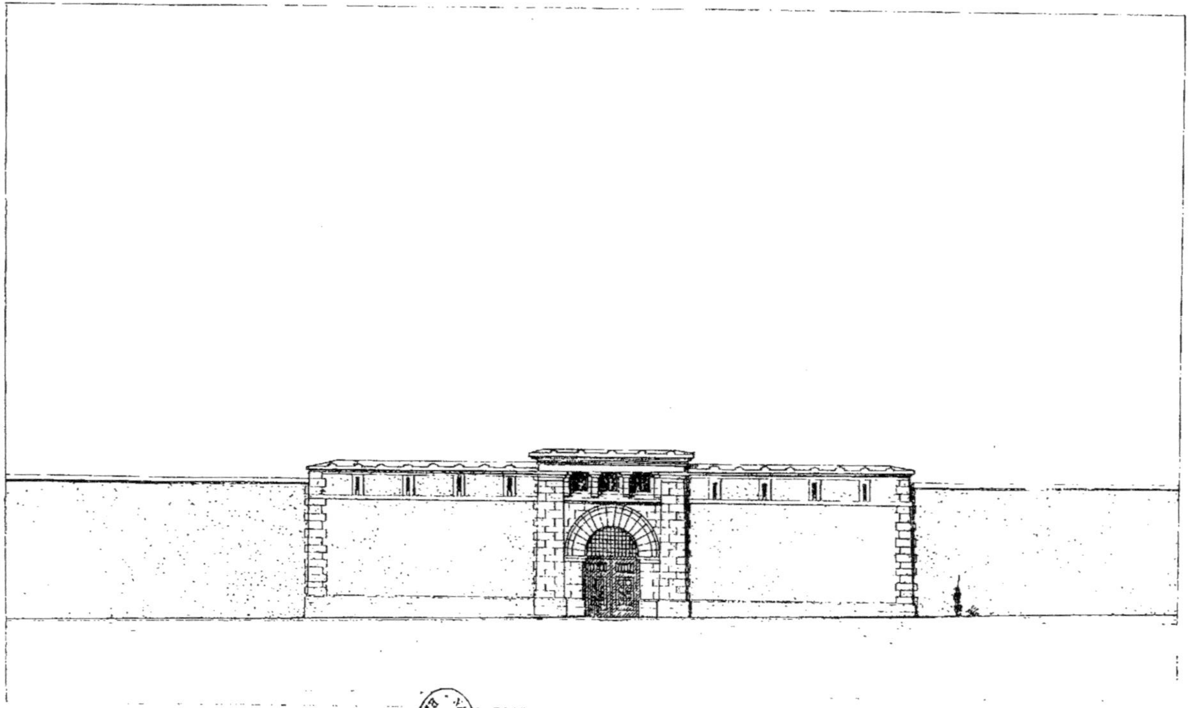

13. Prison de la Santé à Paris.

L'examen des plans de la maison d'arrêt et de correction de la Santé, à Paris, nous a donné l'idée de visiter cette vaste prison construite pour 1,000 à 1,200 détenus dont 500, soumis au régime cellulaire et 500, environ, au régime en commun.

M. Vaudremer, architecte de ce bel établissement, a eu la courtoisie de nous faire parvenir un exemplaire des plans de son œuvre. A l'aide de ces documents et des notes prises sur place, il nous est permis de donner de l'édifice, la description suivante :

Bâtie en 1867, la prison de la Santé présente à l'extérieur et à l'intérieur une grande simplicité. La maçonnerie est presque entièrement en meulières au ciment très-dur et hydraulique. A l'extérieur, on n'aperçoit guère que les murs d'enceinte d'une grande élévation et aux faces desquels un fruit sensible a été donné, tant du côté extérieur que du côté intérieur. L'entrée du côté de la rue de la Santé est d'un style simple et modeste. Un portique d'une belle ordonnance frappe seul les regards (pl. XIX). Il porte, ainsi que tous les monuments de Paris, la belle devise de la France républicaine : *Liberté, Égalité, Fraternité.*

En ce qui concerne principalement la *liberté*, l'inscription doit paraître, aux malfaiteurs, d'une ironie quelque peu amère. Ce qui suit et la vue des plans prouvent, en effet, que se donner la liberté ou prendre la *clef des champs* n'est pas chose bien facile aux détenus qui s'y trouvent logés.

La planche XX donne une idée de l'architecture des bâtiments de l'administration donnant sur la cour d'entrée.

Voici la légende du plan XXI du rez-de-chaussée :

1. Porte d'entrée.
2. Premier guichet.
3. Cour.
4. Salle d'attente.

5. Passage.

6. Corps de garde pour 50 hommes.

7. Chambre de l'officier.

8. Deuxième guichet.

9. Escalier communiquant en sous-sol au quartier des condamnés.

10. Escalier descendant au parloir des condamnés.

11. Cabinet pour la visite corporelle à l'entrée.

12. Dépôt pour la literie des gardiens.

13. Salle de communication du prêtre avec les détenus.

14. Cabinet de MM. les juges d'instruction et commissaires de police.

15. Greffe et avant-greffe.

16. Cabinet du directeur.

17. Dépôt cellulaire pour les prévenus arrivants.

18. Dépôt commun pour les condamnés arrivants.

19. Cabinets d'aisances.

20. Escaliers de logements.

21. Cuisine.

22. Dépendances de la cuisine : boucherie, paneterie, etc.

23. Trappe pour le transport des aliments.

24. Escalier descendant aux caves et magasins.

25. Magasin pour le mobilier, vestiaire, etc.

26. Remise.

27. Salle des morts.

28. Salle pour la soufrerie.

29. Passage couvert, conduisant au quartier des prévenus.

30. Guichet d'entrée.

31. Cantine.

32. Parloir pour les avocats.

33. Vestiaire.

34. Parloir cellulaire.

35. Guichet central avec autel au-dessus.

36. Cellules des prévenus.

37. Escalier desservant par un balcon les étages supérieurs.

38. Trappe communiquant, pour le montage des aliments, aux divers étages.

39. Entrée pour l'enlèvement des appareils des fosses mobiles.

40. Préau avec guichet de surveillance et cabinets d'aisances.

41. Grand escalier de communication entre l'administration et le quartier des condamnés.

42. Grand vestibule du quartier des condamnés, et servant de nef au moment des Offices.

43. Escalier des tribunes.

44. Escalier de l'infirmerie située aux étages supérieurs.

45. Ascenseur pour les aliments.

46. Salle de bains des condamnés.

47. Vestiaire.

48. Dépôt.

49. Guichet d'entrée, quartier des condamnés.

50. Escalier de service.

51. Salle pour le culte israélite.

52. Cabinet du barbier.

53. Fourneaux et réservoirs des bains.

54. Dépôt de la literie du guichet.

55. Oratoire protestant.

56. Bibliothèque.

57. Escalier desservant le quartier des condamnés.

58. Réfectoire, chauffoir, promenoir.

59. Vestibule.

60. Cantine.

61. Guichet d'angle pour la surveillance.

62. Cabinets d'aisances.

63. Latrines.

64. Escalier communiquant aux dortoirs cellulaires.

65. Communication couverte.

66. Vasque avec robinet.

67. Ateliers.

68. Trappes communiquant avec les caves des ateliers.

69. Préaux découverts.

La planche XXII donne le plan du premier étage. Dans la cuisine, se trouve un appareil de cuisson, à la vapeur, pour les aliments. Cet appareil, du système que nous avons vu figurer à l'Exposition d'hygiène et de sauvetage de Bruxelles, en 1876, a dû, pour des raisons économiques, être mis hors d'usage.

Les loges pour bains, au nombre de douze, sont disposées au rez-de-chaussée; soixante à quatre-vingts bains y sont pris par jour.

Un autel pour le culte catholique se trouve disposé au-dessus de l'observatoire central de la section cellulaire.

Il n'y a pas de stalles de chapelle. Mais la porte de chacune des cellules de cette section est disposée de manière à pouvoir être entre-bâillée et fixée pour une ouverture de $0^{m},06$; ce qui permet au détenu, en se tenant dans l'embrasure de la porte, de voir le prêtre officiant.

Le dispositif intérieur des cellules est à peu de chose près, celui du modèle exposé dans le pavillon du Ministère de l'Intérieur. Nous en avons donné la description précédemment. Il y a, toutefois, quelque différence dans le service de la vidange. Ce service comprend, dans chacune des cellules, un siége fixe, dont le produit se rend en sous-sol, par des conduits spéciaux, où la matière est reçue dans des séries de tonneaux séparateurs, généralement en usage et prescrits par ordonnance préfectorale dans l'agglomération parisienne. Les locaux en sous-sol où sont disposés ces tonneaux n'ont aucune communication avec le cellulaire et le service, et l'enlèvement de ces tonneaux s'effectue par une entrée spéciale, placée à l'extrémité de chacune des ailes.

Dans chaque porte des cellules est un guichet de 28 centimètres de largeur, sur 13 centimètres de hauteur dont la manœuvre s'opère au moyen d'une charnière verticale. A côté de ce guichet, se trouve un petit espion pratiqué dans l'épaisseur de la porte.

PL. XXII.

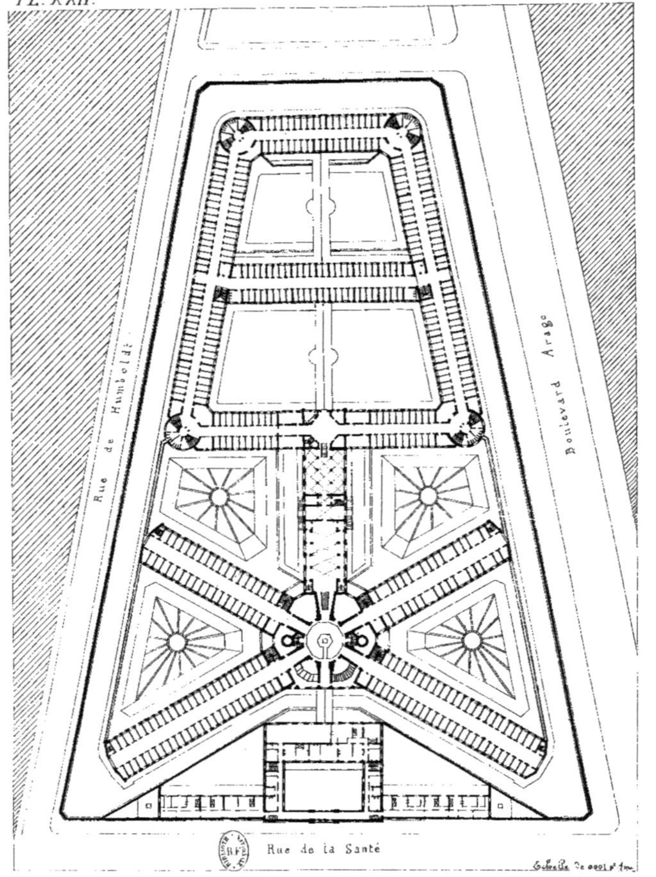

PARIS NOUVELLE MAISON D'ARRÊT ET DE CORRECTION.

RUE DE LA SANTÉ ——— M. E. VAUDREMER, Architecte

Plan du Premier Etage.

PL. XXIII

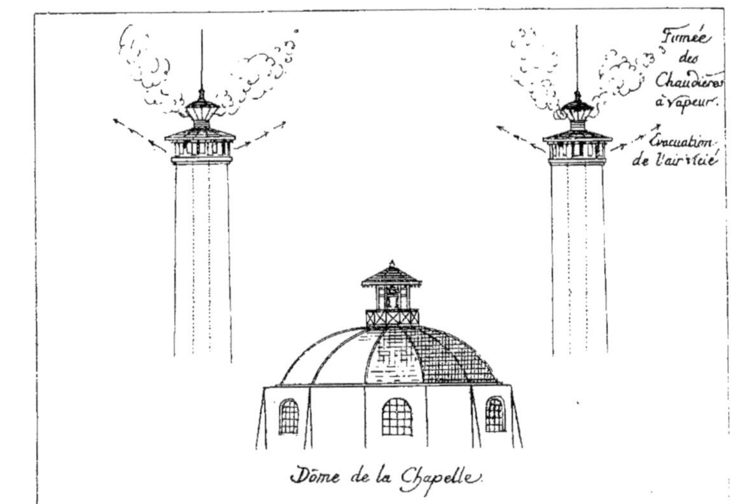

Dôme de la Chapelle.

Paris. Nouvelle Maison d'arrêt & de cor^tion

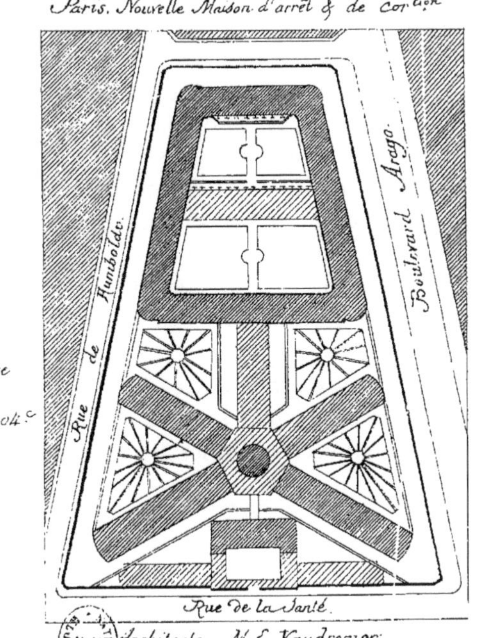

Surface
2.h 47.a 04.c

Architecte. M. E. Vaudremer.

A la section en commun, les cellules occupées la nuit, seulement, sont moins spacieuses qu'à la section du régime cellulaire. Elles ont $3^m,20$ de long, $1^m,70$ de large et 3 mètres de haut. La largeur des galeries de la section en commun est de $3^m,50$.

Au-dessus des portes des cellules et au-dessous des balcons, sont pratiquées de grandes ouvertures grillées.

La section en commun comprend une infirmerie de 84 lits dont 44 destinés à recevoir les détenus gravement malades, des autres prisons de Paris, et 40 aux malades de l'établissement.

Les appareils de chauffage et de ventilation ont été installés par M. l'ingénieur Jules Grouvelle. Ils s'étendent :

1° Au bâtiment d'administration renfermant les bureaux, les parloirs, la lingerie, les salles d'attende des détenus ;

2° Aux ailes cellulaires avec rond-point central ;

3° A la chapelle et à l'infirmerie de la section en commun ;

4° Aux bâtiments pour les détenus travaillant en commun le jour, et isolés la nuit, dans des dortoirs cellulaires.

La ventilation est obtenue au moyen de deux grandes cheminées d'appel, l'une pour la fumée, l'autre pour l'évacuation de l'air vicié ; elles ont 5 mètres de section chacune et 36 mètres de hauteur, à partir du niveau de la grille des foyers d'appel, et fonctionnent simultanément ou séparément, suivant le besoin (pl. XXIII).

Le système de ventilation de la section cellulaire est celui qui a été imaginé et installé à la prison de Mazas, par feu Grouvelle père [1], avec accroissement des sections et diminution des vitesses de translation de l'air. L'ouverture des fenêtres est en toute saison à la disposition des détenus, sans qu'il y ait nécessité de fermer les siéges.

---

[1] *Notice descriptive sur les dessins exposés en* 1878, par JULES GROUVELLE, ingénieur.

Les autres parties de l'édifice sont ventilées de même, avec cette distinction importante que les cabinets d'aisance sont desservis par un canal spécial qui leur est exclusivement réservé et qui débouche dans le collecteur général.

A la vitesse de 2 mètres, chaque cheminée peut débiter, par heure, 36,000 mètres cubes d'air ; soit 60 mètres cubes d'air par détenu. Le cahier des charges demandait 30 mètres cubes, de sorte que la vitesse de 1 mètre par seconde, assure complétement le service ; donc pendant une grande partie de l'année, le coût de la ventilation est nul, les foyers d'appel étant peu allumés ou ne l'étant point.

Les bâtiments cellulaires, la chapelle, les ateliers, les réfectoires et les chauffoirs sont chauffés par des circulations d'eau chauffée par la vapeur avec adjonction de poêles verticaux dans le sous-sol.

Les dortoirs cellulaires, les parloirs, la bibliothèque sont chauffés par la circulation de la vapeur.

L'administration et l'infirmerie sont chauffées par des poêles à eau et à vapeur combinés ou simplement par des poêles à vapeur. Tous ces poêles sont en tôle et en fonte, timbrés à la pression des générateurs.

Les générateurs de vapeur sont au nombre de quatre, avec bouilleurs et réchauffeurs. Ils sont timbrés à 4 1/2 atmosphères, mais ils fonctionnent à une pression moindre.

Des cylindres en tôle placés au-dessus des chaudières, reçoivent les retours de l'eau condensée, qui se répand ensuite dans ces chaudières, et les alimente.

La dépense d'installation comprenant celle de l'infirmerie en 1874, et tous les travaux de maçonnerie, les cheminées, les tuyaux de chute en fonte des cellules, les fourneaux de la pharmacie et le chauffage des bains s'est élevée à 340 francs par détenu, pour un personnel de 1,200 personnes. L'entretien, pour une période de quatorze années, coûte, en moyenne, annuellement, 1.21 p. % du prix de l'installation.

Quant à la dépense du chauffage et de la ventilation, elle

se monte par année, à 29 francs par détenu. Cette dépense fait l'objet d'une entreprise à forfait.

Les plans de ce vaste établissement se trouvaient exposés dans le pavillon de la ville de Paris.

14. Chauffage et ventilation de la prison de Nanterre, en construction.

Notre séjour, à Paris, pendant l'Exposition, nous a permis d'étudier le système de chauffage et de ventilation, adopté pour la prison de Nanterre.

Cette vaste construction s'élève dans une enceinte de douze hectares environ. Elle est destinée à une population de 1,800 détenus de différentes catégories; la première catégorie comprend quatre pavillons : deux pour hommes, deux pour femmes; en tout 460 détenus. La seconde catégorie comprend six pavillons de dépôt d'hospitalité pour hommes et deux dépôts d'hospitalité pour femmes (hommes, 600; femmes, 200); la troisième catégorie comprend un pavillon d'hospitalité pour cinquante ménages.

Cette vaste enceinte comprend une chapelle pour le culte catholique et deux oratoires pour cultes divers; une infirmerie de trois cent trente-deux lits, un établissement de bains comprenant 42 baignoires et 36 bains de pieds ; un quartier de religieuses contenant 16 lits, et renfermant un oratoire, un jardin, etc.; enfin, deux pavillons pour dépôt des morts.

La maison de répression de Nanterre est construite pour le service exclusif du département de la Seine, d'après les plans de M. l'architecte Herman, à la suite d'un concours où plus de dix-sept architectes distingués sont entrés en lice.

La question du chauffage et de la ventilation d'un groupe de constructions répandues sur une étendue superficielle nécessairement considérable présentait de grandes difficultés. Aussi, l'administration du Département de la Seine, préoccupée des données multiples du problème, ouvrit un concours entre les principaux constructeurs d'appareils de chauffage et de ventilation pour arriver à la meilleure solution possible.

Un cahier des charges joint au programme du concours imposait l'obligation d'établir tous les appareils producteurs de chaleur nécessaires au chauffage et toute la force motrice destinée à effectuer l'aération des divers pavillons, dans une usine située à l'extrémité du plan, en dehors de l'enceinte du pénitencier, et ne devant communiquer avec lui que par les orifices strictement suffisants pour le passage des conduites ou tuyaux de transmission de chaleur ou de force motrice.

De la sorte, certains locaux à desservir se trouvaient distants de l'unique centre de production de chaleur ou de force motrice de près de 500m, et le cahier des charges indiquait en outre, comme condition indispensable, que l'intensité du chauffage et de l'aération devaient pouvoir être réglés de l'usine, dont le personnel spécial devait être automatiquement prévenu de l'état du fonctionnement des appareils dans l'intérieur de la prison, sans avoir besoin d'entrer dans l'établissement lui-même.

Pour répondre aux conditions complexes de ce programme, divers projets furent présentés et une commission fut nommée par l'administration pour les examiner.

Le rapport de cette commission, adopté à l'unanimité, conclut en donnant la préférence au projet étudié par la maison Geneste, Herscher et Cie et en chargeant cette maison d'exécuter le projet présenté par elle.

L'emploi de la vapeur était naturellement indiqué pour le transport de la chaleur produite à l'usine, jusqu'aux divers bâtiments du pénitencier. La vapeur devait être non-seulement le véhicule du calorique, mais l'agent direct du chauffage.

C'est donc un chauffage à vapeur proprement dit, c'est-à-dire un chauffage direct de l'air des locaux par des surfaces chauffées par la vapeur qui caractérise, en première ligne, le projet présenté par MM. Geneste Herscher et Ce. Mais si l'application de la vapeur au chauffage paraît simple et si elle devait nécessairement présenter, dans cette circonstance, un grand nombre d'avantages, ceux-ci ne pouvaient s'obtenir qu'au moyen d'un ensemble d'appareils dont l'emploi a pour but de rendre facile et pratique l'usage de la vapeur directe à l'intérieur des locaux habités.

Ces appareils assurent une équitable répartition de la vapeur, et quelque variées que soient d'ailleurs les conditions dans lesquelles sont placés les bâtiments à chauffer, ce mode de chauffage permet d'être certain que, dans aucun cas, les appareils imaginés par ces ingénieurs n'auront à supporter une pression effective sensible. Enfin, leur construction soignée autorise une grande sécurité au sujet de l'étanchéité des conduites et des purgeurs automatiques de l'air, et de l'eau condensée.

Pour faire mouvoir leurs appareils de ventilation, ces ingénieurs ont utilisé la propriété que l'eau possède de transmettre au loin la pression à laquelle on l'a soumise.

L'eau est en effet, par son incompressibilité relative, un excellent agent de transport, à longue distance, de la force motrice, sans nécessiter l'emploi d'aucun mécanisme de transformation du mouvement; c'est de tous les corps que l'on pouvait pratiquement choisir, celui qui résiste le mieux à l'effort sans déformation ou altération sensible. Enfin, la grande expérience que l'on possède des conduites d'eau en général, permet d'affirmer qu'il n'y a de ce côté à craindre aucun inconvénient pratique sérieux.

L'eau comprimée conduite aux divers bâtiments à ventiler met en mouvement, au moyen de petites turbines, des hélices agissant directement sur l'air qu'il faut déplacer.

Toutes ces précautions sont prises pour assurer un effet utile aussi grand que possible, pour éviter toute interruption dans le service et pour permettre de rendre plus active ou de modérer, suivant le besoin, la ventilation de chaque local.

Telles sont les dispositions générales adoptées pour le chauffage de l'air et sa mise en mouvement. Une simple description des dispositions de détail adoptées pour chaque genre de bâtiment suffira pour faire comprendre l'ensemble du projet.

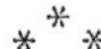

L'usine, située en dehors du mur d'enceinte du pénitencier, comporte les bâtiments et constructions nécessaires pour recevoir :

1o Huit générateurs de 40^{m2} de surface de chauffe chacun, produisant la vapeur nécessaire au chauffage et à la force motrice qui fait mouvoir les appareils de ventilation.

Ces générateurs de vapeur ont une puissance telle qu'en aucun cas on ne doit les mettre tous à la fois en activité; le service des nettoyages et des réparations se trouve donc assuré sans qu'il puisse jamais y avoir une interruption dans le service général;

2o Deux machines à vapeur de 12 chevaux suffisantes pour assurer le service de la ventilation;

3o Quatre pompes pour comprimer l'eau qui agit comme force motrice;

4o Les pompes et réservoirs d'alimentation des générateurs;

5o La robinetterie de distribution de la chaleur, ou de la force motrice, aux diverses parties du pénitencier;

6o Un système d'avertisseurs et d'enregistreurs automatiques du travail des appareils à l'intérieur de la prison;

7° Les approvisionnements de combustible;

8° Un atelier de réparation, un bureau du chef-mécanicien, les logements du personnel, etc.

De l'usine partent les canalisations qui vont distribuer la chaleur et la force motrice aux divers pavillons du pénitencier.

D'autre part, les eaux condensées par les appareils de chauffage placés dans les bâtiments, ainsi que celles qui ont servi à faire mouvoir les appareils de ventilation, sont séparément réunies et ramenées par des conduites à l'usine où elles sont de nouveau transformées en vapeur ou prises de façon à être utilisées de nouveau. Ces conduites étudiées avec le plus grand soin, en tenant compte des dilatations, des pertes de charges par refroidissement ou par insuffisance de section, font, dans le projet l'objet de recherches nombreuses relativement au choix des systèmes de conduites à adopter, à l'étanchéité des joints, etc. Il résulte des dispositions prises que les pertes par les conduites seront relativement faibles et que l'on sera assuré par l'emploi d'appareils spéciaux que tous les bâtiments seront placés dans des conditions identiques au point de vue du chauffage et de la ventilation, à quelque distance qu'ils soient de l'usine qui produit la chaleur et la force motrice.

C'est là un point très-important sur lequel les ingénieurs ont insisté avec raison dans leur projet et qui simplifie singulièrement l'installation générale, en la transformant en une série de chauffages à vapeur partiels dont nous allons donner une description :

La conduite de vapeur qui dessert chaque pavillon cellulaire monte directement à la partie haute des combles et se courbe horizontalement en suivant toute la longueur du bâtiment avec une faible pente pour desservir toutes les colonnes verticales qui alimentent les cellules.

Ces colonnes sont en nombre égal à celui des cellules

d'un étage, de telle façon que les tuyaux verticaux peuvent être logés soit dans les couloirs, soit dans l'angle de chaque cellule et que chacun des tuyaux descendant dessert à la fois trois cellules superposées.

A cet effet, les tuyaux verticaux alimentent pour chaque cellule une petite surface de chauffe horizontale disposée de manière à permettre l'arrivée de la vapeur et l'écoulement de l'eau condensée. Ces surfaces de chauffe sont placées dans un conduit à ouverture rayonnante, pratiqué dans le sol le long de la cloison qui sépare deux cellules contiguës, du côté opposé au siége d'aisance. L'air pris dans les galeries pénètre dans ce conduit et entre dans la cellule par un orifice réservé, à environ 1m,50 ou 2m,00 du sol, sur un petit coffre saillant ou caisse en fer placé le long du mur extérieur et communiquant au conduit horizontal contenant la surface de chauffe.

La ventilation se fait par un procédé présentant de l'analogie avec ceux déjà employés pour les prisons cellulaires, c'est-à-dire que le siége, ou plus exactement l'enveloppe du siége, sert d'orifice d'évacuation d'air vicié. Enfin, l'air vicié est aspiré par une hélice, et est expulsé par des cheminées réservées dans la construction.

Ce système présente, au point de vue du chauffage, de réels avantages : les cellules sont chauffées en partie par rayonnement du sol ; l'air nouveau introduit ne peut, par conséquent, avoir une température supérieure à celle de la cellule, et les inconvénients de la ventilation renversée sont évités par ce fait ; enfin, la disposition générale permet d'interrompre le chauffage d'une cellule inoccupée, ce qu'aucun système n'a pu encore réaliser d'une façon pratique ; il donne une garantie absolue contre toute communication vocale d'une cellule à l'autre.

***

Ce vaste projet de chauffage comporte, pour les bâtiments de dépôt et d'hospitalité, une solution fort simple. Des poêles à vapeur, placés au rez-de-chaussée dans l'atelier, fournissent la chaleur en même temps, par rayonnement et par émission d'air modérément chauffé. Ces poêles sont distribués de telle façon que, quelles que soient les divisions ou les combinaisons nécessaires dans le service compliqué des ateliers, chaque partie aura au moins un poêle de chauffage. Une précaution analogue a été observée pour la distribution des orifices d'évacuation d'air vicié ; et cette évacuation est provoquée par des moyens naturels complétés, quand besoin sera, par l'adjonction de brûleurs à gaz placés dans les cheminées.

De même pour les dortoirs, le chauffage à température modérée est obtenu par émission d'air chaud venant de poêles à vapeur placés au rez-de-chaussée ; enfin, des cheminées d'aérage assureront le renouvellement de l'air, ce renouvellement étant lui-même provoqué par la chaleur produite par les lampes qui servent à l'éclairage des dortoirs pendant la nuit.

Chaque salle de l'infirmerie possède un poêle à vapeur chauffant en même temps par rayonnement et par émission d'air. Ce poêle, placé de préférence du côté des surfaces refroidissantes, prend directement l'air pur à l'extérieur, loin du sol, l'échauffe et l'introduit à 2 mètres au-dessus du sol dans la pièce habitée.

Du côté de l'aspiration de l'air, les précautions n'ont pas été prises avec moins de soin, et chaque lit est pourvu, à droite et à gauche, de deux bouches d'aspiration d'air vicié, de telle sorte que la communication d'air, d'un lit à l'autre, est pour ainsi dire rendue impossible par la disposition même des orifices d'évacuation.

L'air vicié provenant des diverses bouches est conduit par une série de cheminées isolées à une chambre collective des divers conduits, dans laquelle une hélice, mue par la transmission de force, détermine un énergique courant d'évacuation.

* * *

Il resterait à décrire une série de dispositions, adoptées pour satisfaire à des problèmes partiels, tels que le chauffage des bureaux, la ventilation et le chauffage des infirmeries cellulaires, le chauffage des chapelles, le service des bains, etc., mais ces dispositions présentent moins d'importance au point de vue de l'ensemble du projet, et nous ne croyons pas utile de les décrire en détail. Nous nous abstiendrons également de parler des moyens adoptés pour l'avertissement automatique à l'usine du travail des appareils dans la prison. Les appareils qui ont été imaginés et ceux qui ont été appliqués par MM. Geneste, Herscher et Ce, pour donner satisfaction à cette partie du programme, ont été approuvés par la commission d'examen des projets, mais ils ne se rattachent qu'indirectement aux systèmes de ventilation et de chauffage proprement dits.

Par la description qui précède, on conviendra sans peine que le chauffage et la ventilation de la prison de Nanterre réalisent une installation sans précédent, dont l'importance peut seulement être comparée à celle qui s'exécute actuellement pour le nouvel hôtel de ville de Paris. L'exécution de ce grand travail se présente dans des conditions de simplicité relative très-notables ; et l'on est, par là, autorisé à lui prédire un grand succès.

15. Nouveau pénitencier cellulaire, à Berlin.

Pour clore la série, donnée plus haut, des plans de divers types de prisons cellulaires, nous reproduisons ci-après le plan du nouveau pénitencier de Ploetzensée, à Berlin, plan

LE PÉNITENCIER DE PLOETZENSÉE À BERLIN.

PL. XXIV

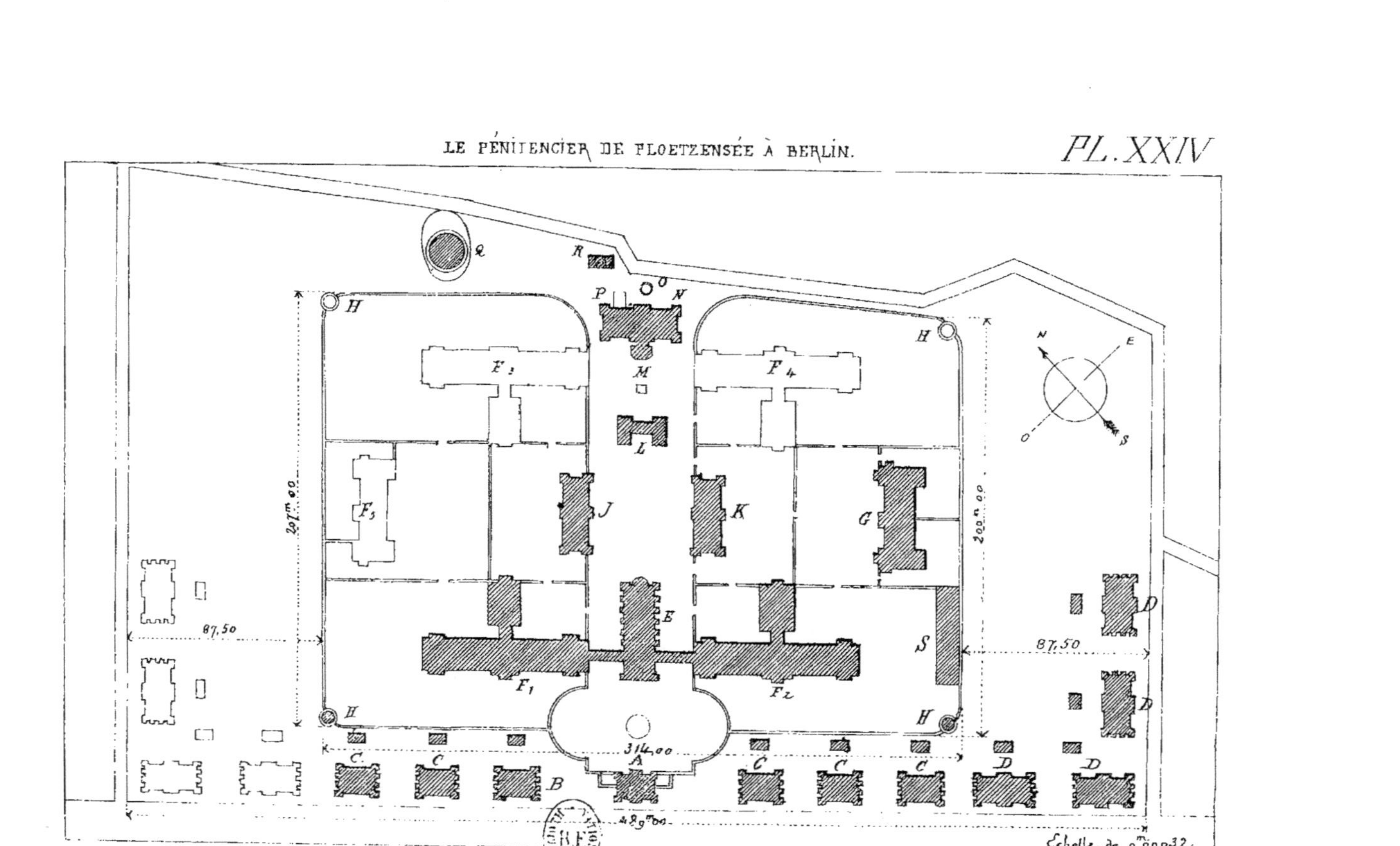

extrait (1) d'une note publiée en 1876, par M. Grüber, commandant du génie autrichien, dans la « Revue du génie et de l'artillerie. » La susceptibilité politique a sans doute empêché ce plan de figurer à l'exposition universelle de 1878. Cependant, l'article qui va suivre, intitulé : « *Considérations générales sur les systèmes pénitenciers,* » motive la reproduction de ce plan dans notre rapport.

On voit par la planche XXIV, que le principe de la séparation n'est pas absolu, que les promenades hygiéniques se font en commun, et non dans des préaux séparés. Mais le principe de l'isolement relatif des bâtiments a présidé à la création du plan dont la légende ci-dessous expliquera l'ensemble, et la destination de chacun des bâtiments :

A. Porte d'entrée et annexes.
B. Maison du directeur.
C. Maison des inspecteurs.
D. Maison des gardiens.
E. Bâtiments d'administration.
F^1, F^2. Prisons ou ailes cellulaires terminées.
F^3, F^4 et F^5. Prisons ou ailes cellulaires projetées.
G. Hôpital et maison de santé.
H. Cabinets d'aisance.
J. Cuisines.
K. Lavoir et bains.
L. Écurie et remises.
M. Puits.
N. Bâtiment de service, réservoir et château d'eau.
O. Égout.
P. Citerne à pétrole.
Q. Gazomètre (gaz au pétrole).
R. Réservoir et pompes du service d'arrosage.
S. Baraques-ateliers.

---

(1) OPPERMANN. — *Annales de la construction.*

16. Considérations générales sur les systèmes pénitenciers.

Depuis assez longtemps déjà, le régime des prisons et leur meilleur mode de construction, ont été l'objet d'études sérieuses. Il ne s'agit plus, en effet, d'appliquer seulement une répression énergique, et, encore moins, cruelle, en vue d'obtenir une crainte salutaire; il importe aussi aujourd'hui, d'améliorer le moral du détenu par un travail nécessaire à sa santé ou par des exercices intellectuels, en rapport avec le degré d'instruction du condamné. Il importe surtout d'éviter que le contact et l'influence de malfaiteurs plus pervertis que lui ne rendent le condamné à la sociéte plus mauvais qu'il ne l'était à son entrée en prison. De là, des combinaisons proposées par les spécialistes qui se sont préoccupés de cette importante et grave question humanitaire.

Cependant l'application générale du principe de la communauté était trop enracinée pour que la question ne restât point longtemps sans solution pratique.

On se bornait à classer les prisonniers tout au plus par catégories dans de grandes salles, de grands dortoirs en commun. Le régime du travail forcé, ou simplement gymnastique, comme dans les Mill-banks de l'Angleterre, était l'objectif et les règlements différaient d'une prison à l'autre. Quelquefois le travail agricole, pour certaines prisons situées à la campagne, constituait un autre caractère distinctif des maisons centrales de répression.

Les commissions administratives pénitentiaires reconnurent que, au point de vue de la séparation individuelle, il y avait beaucoup à faire, si l'on voulait écarter les abus résultant du contact, et donner satisfaction à la moralité gravement compromise sous le régime en commun. On en arriva naturellement au régime cellulaire.

Le premier essai de ce régime fut tenté en Angleterre, vers 1778, sur la proposition de Howard. L'expérience ayant été faite d'une façon trop rigoureuse, en ce qui concerne l'*isolement absolu* du prisonnier, l'application générale en devint impossible et l'on dut y renoncer à cause de l'encombrement des prisons et des dépenses qu'occasionnait ce système.

Cependant de nouvelles tentatives d'application furent faites en Pensylvanie, sous l'influence attribuée aux quakers.

L'application du principe se fit dans toute sa rigueur ; aucune communication entre le prisonnier et un être humain quelconque, pas même le gardien. Il fallait laisser le coupable aux prises avec le remords, la réflexion ; en un mot, avec lui-même, pendant tout le temps de sa détention

Ce système, dit *pensylvanien,* fut appliqué en Amérique de 1821 à 1828 [1].

Évidemment, il manquait d'humanité et n'atteignait point le but qu'on s'était proposé. Des maladies graves, le typhus et particulièrement la folie, dans une effrayante proportion, en résultèrent et ne tardèrent pas, sinon à faire abandonner entièrement le système, du moins à provoquer des modifications ayant pour effet d'atténuer l'excès de la méthode. La promenade journalière dans des préaux spéciaux, l'assistance aux instructions religieuses et à celles de l'école, dans des cases séparées, le droit de parler aux gardiens, et des visites fréquentes du directeur de l'établissement, des membres de la commission et enfin des parents admis à des jours et à des heures désignés dans des parloirs spéciaux, furent introduits comme adoucissements à ce que le régime de l'isolement absolu avait de trop rigoureux.

Le régime cellulaire est généralement adopté aujourd'hui ; mais on remarquera par les plans des différents types de prisons à l'étranger, que ce régime donne lieu à deux combinaisons architecturales dans l'agencement des détails.

La première combinaison est désignée par *prisons à plan rayonnant*, la seconde, par *prisons à plan rectangulaire.*

---

[1] OPPERMANN. — *Annales de la construction.*

Le régime cellulaire proprement dit, c'est-à-dire avec une séparation complète et systématique des détenus, sans aucune espèce de communication entre eux, tel qu'il a été établi pour la prison de Mazas, à Paris, de Pentonville, à Londres, de Brushsal (grand-duché de Bade) et tel qu'il semble définitivement admis en Belgique, motive l'adoption du *plan rayonnant*, comme étant l'exacte traduction du principe.

Le récent programme français et les plans spécimens dénotent également la consécration du principe à plan rayonnant.

Du centre, s'exerce une surveillance facile sur tous les points et dans divers rayons tracés suivant les axes capitaux de bâtiments ou d'ailes cellulaires.

Mais, si l'on admet que, pour une certaine catégorie de condamnés, par exemple pour ceux qui n'ont que peu d'années de détention, le contact ou les rapports des prisonniers entre eux ne sont point à craindre, pendant les heures de travail, sous la surveillance du gardien; si l'on se propose d'installer, dans les prisons, de vastes ateliers, de donner aux promenades et aux exercices du corps une très-grande importance hygiénique, à la combinaison du *plan rayonnant*, doit se substituer celle du *plan rectangulaire*, c'est-à-dire la communauté pendant le jour et la cellule pendant la nuit.

Il ne nous appartient pas de décider laquelle de ces deux combinaisons est la meilleure. D'ailleurs, tout n'est pas dit sur cette importante question humanitaire et il serait téméraire maintenant d'indiquer quelle est, à l'exclusion de toutes autres, la combinaison qui produira le plus de bien dans la société actuelle.

17. Chauffage et ventilation de l'hôtel de ville de Paris.

Pendant notre séjour à Paris, au temps de l'Exposition, grâce à l'accueil bienveillant que nous ont fait des hommes spéciaux et des ingénieurs de mérite, il nous a été possible d'étudier le projet adopté pour le chauffage et la ventilation du nouvel hôtel de ville, en construction.

On se rappelle que, pendant les sinistres journées de la Commune, ce remarquable monument fut incendié à peu près de fond en comble. De ce monceau de cendres, s'élève aujourd'hui un édifice nouveau qui ne le cédera au premier, ni en majesté, ni en convenances architectoniques. Consulté par la municipalité parisienne, sur l'importante question du chauffage et de la ventilation du nouvel édifice, le conseil général d'architecture émit un avis conforme aux conclusions d'un rapport de M. Viollet-le-Duc, membre du conseil municipal.

C'est ainsi qu'il fut décidé que l'on adopterait la vapeur à basse pression, comme émissaire de la chaleur, et des appareils mécaniques, comme moyen de ventilation. La solution de ce problème complexe fut confiée à MM. les ingénieurs Geneste et Herscher.

Le nouvel hôtel de ville comporte, en effet, un ensemble de services indépendants, très-différents les uns des autres, susceptibles de fonctionner ensemble ou séparément.

Ces services qui ont en eux-mêmes des exigences variables, sous le double rapport du chauffage et de la ventilation, sont au nombre de cinq, savoir :

1° Celui du conseil municipal ;

2° Celui des bureaux ;

3° Celui des emprunts et tirages ;

4° Celui du préfet ;

5° Enfin, le service des fêtes.

La production totale de vapeur nécessaire à l'ensemble de ces cinq services est établie dans des caves réservées à cet effet.

Elle a lieu au moyen d'un groupe de générateurs qui alimentent cinq prises de vapeur correspondant à chacun des cinq services indiqués ci-dessus et qui fournissent, en même temps, la vapeur nécessaire à la mise en mouvement d'une machine destinée à la ventilation mécanique.

Cette machine motrice des appareils de ventilation est placée à proximité des générateurs. Elle fournit, au moyen d'un système de transmission hydraulique à grande distance, la force nécessaire à la mise en mouvement des ventilateurs placés dans les gaînes de prise d'air pur ou d'évacuation d'air vicié.

Les canalisations de vapeur destinées au chauffage des divers services montent par une cheminée verticale, dans les combles et là, quelque peu inclinées dans le sens du mouvement de la vapeur, elles sont pourvues d'une série de tubulures communiquant aux descentes verticales sur lesquelles sont agencées les surfaces de chauffe, ou poêles à vapeur, convenablement distribuées dans les divers locaux.

Des tuyaux de retour verticaux, établis parallèlement aux tuyaux de descente de vapeur, recueillent l'eau produite par la condensation de la vapeur sous les surfaces de chauffe et mènent cette eau dans les sous-sols où elle est réunie par des collecteurs généraux pour être conduite aux appareils d'alimentation des générateurs.

Des appareils dans lesquels la vapeur se détend automatiquement à une pression très-basse, sont disposés sur tous les tuyaux de distribution de façon qu'une pression notablement supérieure à celle de l'atmosphère ne puisse, en aucun cas, exister dans un appareil ou même dans un tuyau de vapeur quelconque, à l'intérieur de la partie habitée de l'édifice.

Chaque poêle à vapeur est pourvu d'un appareil purgeur qui laisse automatiquement échapper l'air contenu dans les appareils avant le chauffage et l'eau condensée pendant le fonctionnement, mais ne permet, en aucun cas, la sortie de la vapeur inutilisée.

Ces dispositions font qu'on est assuré que tous les appareils ou les surfaces de chauffe du bâtiment participent également à la distribution de vapeur et que l'alimentation de chaleur des appareils les plus éloignés des générateurs se fera presque en même temps que celle des appareils plus favorisés sous le rapport de la distance.

Les choses étant ainsi disposées d'une manière générale, voici les dispositions prises pour donner satisfaction aux exigences de chacun des services :

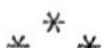

Celui du conseil municipal comprend la grande salle du conseil et ses dépendances; l'introduction de l'air chaud ou froid dans la grande salle se fait dans la proportion de 100 mètres cubes par heure et par personne, soit en totalité 10,000 mètres cubes par heure.

Les surfaces de chauffe sont établies partie en contre-bas de la salle, partie en contre-haut, et correspondent à deux séries de bouches d'introduction dont les unes placées sur le sol servent au chauffage préalable et rapide de la salle, avant les séances, et les autres placées à mi-hauteur, près du plafond sont destinées à fournir pendant les séances une ventilation abondante; l'air est mû mécaniquement aussi bien à l'entrée qu'à la sortie. L'air introduit est soumis à une pression un peu plus grande que celle de l'atmosphère afin d'empêcher la rentrée dans la salle des courants d'air nuisibles venant des portes et des fenêtres.

L'évacuation de l'air se fait par la partie basse de la salle, au moyen d'ouvertures réservées sur les gradins et convenablement réparties. Les dépendances du conseil municipal, vestiaire, bureaux, annexes, sont chauffées au moyen de poêles apparents munis de prises d'air extérieures; des gaînes servent à l'évacuation de l'air vicié.

Des cheminées sont réservées pour aspirer l'air pur au dehors à la partie haute, ainsi que pour expulser l'air vicié. Dans chacune d'elles, une hélice, du système décrit dans un précédent article, est installée pour donner le mouvement à l'air.

* * *

Le service des bureaux présente, au point de vue du chauffage et de la ventilation, des dispositions très-simples, par cette raison que dans aucune des pièces affectées à ce service, l'agglomération n'est assez grande pour motiver l'adoption de moyens de ventilation mécanique et que partout on a pu établir des surfaces de chauffe apparentes avec prises d'air extérieures. Tous ces locaux sont cependant pourvus de cheminées d'évacuation pour profiter autant qu'on le peut de la ventilation naturelle qu'on pourra d'ailleurs augmenter au moyen de quelques becs de gaz placés dans les cheminées. Dans les couloirs, galeries, escaliers, etc., le renouvellement de l'air étant toujours plus que suffisant par les ouvertures accidentelles, on s'est borné à la simple installation de surfaces de chauffe à vapeur pour assurer une température modérée, quel que soit l'abaissement de la température extérieure.

* * *

Le service des emprunts et des tirages a nécessité l'établissement de vastes salles servant aux versements, payements de coupons, tirages, remboursements, etc., toutes opérations pour lesquelles le public peut arriver en foule à certaines époques de l'année. Outre les salles des caisses, des titres et les bureaux où se trouvent les employés, trois grandes salles sont spécialement affectées aux usages que nous venons d'indiquer, savoir : une première en sous-sol, et une seconde au rez-de-chaussée ayant chacune environ 450 mètres carrés de superficie; enfin la salle, dite salle Saint-Jean, servant plus spécialement au tirage des obligations; elle sert aussi aux opérations de la conscription; sa superficie est d'environ 450 mètres carrés.

Pour la salle du sous-sol qui longe la rue de Rivoli, on emploie vingt surfaces de chauffe directes formant la base des colonnes en fonte qui portent la voûte de la salle. L'air pur de ventilation est envoyé à la partie supérieure de cette salle, après avoir traversé des calorifères établis dans une grande galerie latérale ; enfin l'air vicié sort par les travées donnant sur le *saut-de-loup*, cette évacuation étant produite au moyen d'un appel mécanique établi sous l'escalier menant à cette salle.

La salle du rez-de-chaussée est chauffée par huit grandes surfaces apparentes ; l'air de ventilation traverse des calorifères établis en sous-sol et pénètre dans la salle par des ouvertures ménagées sur toute sa longueur dans les grandes travées vitrées du côté des bureaux. L'air pur, frais ou chaud, débouche ainsi à 2m,50 ou 3m,00 au-dessus du sol ; pour le cas particulier de cette salle, très-haute et recouverte d'une toiture en fer vitrée, l'évacuation se fait par des châssis ménagés sur toute la longueur de cette toiture.

Pour la salle Saint-Jean, tant à cause des usages auxquels elle est destinée qu'à cause de son style architectural, les surfaces de chauffe directes en ont été absolument exclues ; le chauffage et la ventilation sont faits au moyen de quatre grands calorifères à vapeur établis en sous-sol dans des chambres correspondant aux quatre angles de la salle située immédiatement au-dessus ; l'air pur, chaud ou frais, après avoir traversé ces calorifères, s'engage dans une série de carneaux ménagés dans les tympans de la voûte qui porte le dallage ; ces carneaux aboutissent à une série de bouches distribuées en deux lignes parallèles de chaque côté de la salle.

L'établissement du régime et le chauffage de l'air de ventilation se font donc par les calorifères mêmes dans lesquels l'air est introduit mécaniquement au moyen d'hélices qu'on met en mouvement quand le public afflue dans la salle ; la température doit être maintenue constante, tout en portant le renouvellement d'air à 25,000 ou 30,000 mètres cubes par heure.

L'évacuation se fait par une troisième ligne de bouches établies dans l'aire même de la salle par un système analogue de conduits horizontaux ménagés dans l'épaisseur de la voûte ; l'air vicié est conduit à deux cheminées d'évacuation placées dans les gros murs de l'édifice.

Les moyens mécaniques employés pour l'introduction de l'air pur et l'évacuation de l'air vicié sont calculés pour fournir 20,000 mètres cubes par heure dans chacune des deux premières salles et 30,000 mètres cubes dans la troisième.

Le service du préfet comprend : en sous-sol, les cuisines ; au rez-de-chaussée, les écuries, remises et dépendances diverses ; à l'entre-sol, des appartements particuliers, enfin, au premier étage, des salons de réception, le cabinet du préfet, son secrétariat et la grande salle à manger des réceptions officielles.

Les appartements particuliers de l'entre-sol, tels que chambres à coucher, salle à manger, grand et petit salon, sont chauffés au moyen de surfaces à vapeur en contre-bas ; elles chauffent de l'air qui alimente des bouches de chaleur convenablement réparties dans chacune des pièces ; dans les salons et dans la grande salle à manger du premier étage, le régime est également établi par des surfaces de chauffe placées en contre-bas, mais dont l'action est limitée au chauffage préalable des locaux.

Le chauffage et la ventilation mécanique nécessaires quand les salons sont occupés se font au moyen de surfaces de chauffe placées dans les combles, et sur lesquelles l'air pur s'échauffe à un degré convenable avant d'être introduit par des ouvertures placées pour la plupart à mi-hauteur des salons.

Cet air introduit par une action mécanique établit dans les

pièces un accès de pression très-faible, mais suffisant néanmoins pour éviter les rentrées d'air par les ouvertures brusques des portes.

L'air vicié de ces grands salons du premier étage est évacué, en majeure partie, par des bouches placées au niveau du sol, le long des murs, et communiquant avec les cheminées ménagées dans la construction et pourvues d'hélices produisant l'appel nécessaire. Une autre partie est évacuée par le haut, en même temps que les gaz chauds et viciés produits par la combustion dans les lustres, et va rejoindre dans les combles les gaînes où se rend l'air impur provenant de la partie inférieure.

On a appliqué les mêmes dispositions d'ensemble à la grande salle à manger de gala. Seulement, au lieu d'y envoyer par insufflation un excès d'air pur, on donne, au contraire, un excès de puissance à l'appel, de manière à éviter la communication des odeurs du dedans de la salle avec le dehors.

Les cuisines, les écuries et les W. C. sont ventilés par appel. Si, pour la grande salle à manger, il faut des moyens de ventilation puissants, mais n'agissant qu'à de rares intervalles, il faut, au contraire, pour les écuries, les cuisines et les W. C., une ventilation beaucoup moins énergique, mais fonctionnant d'une façon permanente.

On obtient facilement ce résultat pour les cuisines en faisant passer les tuyaux de fumée des fourneaux dans une gaîne de ventilation où il se produit ainsi un appel constant de l'air vicié. Dans les écuries et les closets, on établit des brûleurs à gaz qui servent, en même temps, d'appareils d'éclairage.

La ventilation mécanique est prévue pour le service du préfet à raison de 8,000 à 10,000 mètres cubes pour chaque grand salon, de 20,000 à 25,000 pour la grande salle à manger.

Le service des fêtes comprend l'escalier d'honneur avec ses paliers et les galeries d'accès, les grands salons du premier étage et la grande galerie des fêtes qui se trouve au-dessus de la salle Saint-Jean.

Le régime, ou chauffage préalable, est établi dans tous les salons par des surfaces de chauffe installées en contre-bas, et desservant des bouches de chaleur placées sur le sol. Aussitôt que commence l'admission des invités, on arrête l'émission de l'air au niveau du sol, et l'on met en mouvement des appareils de ventilation mécanique qui ont pour effet de produire les résultats suivants :

Introduction de l'air plus ou moins chauffé suivant que les visiteurs sont peu nombreux ou très-nombreux ;

Introduction d'un volume d'air proportionné au nombre de personnes ;

Arrivée de l'air à la partie haute des salons et à mi-hauteur ;

Évacuation de l'air vicié pour les trois quarts du volume total à la partie basse, et pour un quart à la partie haute au-dessus des appareils d'éclairage ;

Surabondance d'air introduit, afin qu'un courant très-faible ait lieu des salons vers les couloirs ;

Chauffage énergique des escaliers à niveau du sol avec faible ventilation ;

Température maintenue moins élevée dans les salons que dans les couloirs et dépendances.

Tel est l'ensemble des dispositions adoptées, conformément aux propositions de MM. Geneste, Herscher et Ce, pour donner satisfaction aux exigences des divers services relatifs au chauffage et à la ventilation de l'hôtel de ville de Paris.

Il est bon de faire remarquer que la superficie du nouvel hôtel de ville est notablement plus grande que celle de l'ancien. La construction primitive n'occupait guère qu'une surface de 7,000 mètres carrés, tandis que le nouvel hôtel de ville en couvre 9,000.

La capacité totale des pièces chauffées par la vapeur et ventilées, soit naturellement, soit mécaniquement, n'est pas moindre que 150,000 mètres cubes.

Enfin, le volume d'air fourni mécaniquement aux salles du conseil municipal, des emprunts et tirages, aux salons du préfet et aux grands salons des fêtes, peut s'élever à 360,000 mètres cubes par heure.

Ces chiffres montrent l'importance de l'installation qui s'exécute actuellement. Les grands perfectionnements apportés dans ces dernières années au chaufffage à vapeur, les études importantes faites pour améliorer le travail des appareils de mise en mouvement d'air appropriés à la ventilation, permettent de penser que les prévisions des ingénieurs, qui ont uni l'expérience à la théorie, seront entièrement réalisées, et que les résultats feront de l'installation du chauffage et de la ventilation du nouvel hôtel de ville de Paris, une des plus intéressantes de celles qui ont été accomplies jusqu'à ce jour.

18. Considérations générales sur le chauffage et la ventilation des édifices publics.

Ces deux opérations sont intimement liées et il convient de les examiner simultanément.

La ventilation d'un édifice consiste à y faire pénétrer méthodiquement le volume d'air pur, appelé *air neuf* ou *nouveau*, nécessaire à son assainissement et, en même temps, à extraire l'air vicié, appelé *air vieux*, et les miasmes qui l'altèrent.

Tous les êtres ont besoin d'air pur pour vivre. Cette vérité est connue depuis les temps les plus reculés. Les poissons eux-mêmes ne pourraient vivre dans l'eau d'où l'air aurait été chassé par l'ébullition (1).

(1) Academie del Cimento, JEAN BERNOUILLI, ROBERT BOYLE, HUYGHENS, etc.

A cette vérité, s'en joint une autre nettement établie par Robert Boyle, c'est la nécessité de renouveler constamment cet air. Nous avons dit à l'article *poêles* qu'une petite proportion du gaz oxyde de carbone, à la dose d'un millième dans une chambre, peut y occasionner la mort. Sans être aussi délétère, dans la composition de l'atmosphère, le gaz acide carbonique peut aussi donner lieu à de fâcheux effets, lorsqu'il s'y trouve dans une proportion qui dépasse celle que peut contenir l'air libre ou pur. Les analyses de M. Mohr, faites, en différentes saisons, à Coblentz, démontrent que la proportion d'acide carbonique de l'air peut atteindre et dépasser quelque peu les 0,0005 du volume.

Mais la proportion ci-dessus peut être plus grande dans un certain milieu, par l'effet de la respiration humaine qui produit de notables quantités de ce gaz. Cette production, chez l'être humain, est variable avec l'âge, l'état de veille ou de sommeil, le travail musculaire et l'état sanitaire de l'individu.

On comprend, dès lors, combien il importe de fournir le volume d'air pur nécessaire à la respiration. M. Hudelo a donné tout récemment les règles suivantes:

« Dans les lieux où séjournent les hommes en état de « santé, comme les amphithéâtres, les salles d'assemblées, « les théâtres, les prisons, les ateliers où il n'y aura pas de « cause spéciale de viciation de l'air, une ventilation effective « de 30 mètres cubes par homme et par heure, sera suffi- « sante.

« Dans les écoles d'enfants et les asiles, on peut se conten- « ter de 15 mètres cubes par enfant.

« Enfin, dans les hôpitaux, on donnera aux malades ordi- « naires, 100 mètres cubes ; aux varioleux, 200 mètres cubes ; « aux femmes en couches, 300 mètres cubes. »

M. A. Wazon tenant compte principalement de la quantité d'acide carbonique produit par la respiration humaine dans les diverses circonstances mentionnées plus haut, a établi le tableau suivant :

VOLUMES D'AIR NÉCESSAIRES A LA RESPIRATION.

(Par individu et par heure.)

Écoles d'enfants de 8 à 10 ans	20m³.
— — de 10 à 15 ans	30m³.
— d'adultes	40m³.
Casernes et prisons de jour	40m³.
— — de nuit	30m³.
Bureaux	40m³.
Hôpitaux ordinaires	60m³.
Ateliers de fatigue	80m³.

L'ingénieur Wazon, ajoute :

« Nous conclurons donc de toutes ces expériences, qu'il « serait nécessaire d'extraire l'air vicié près du plafond des « pièces, et dans leur partie la plus haute.

« Mais il n'en peut être toujours ainsi, car dans la saison « froide, il en résulterait que l'air chaud fourni par les calori- « fères s'échapperait directement sans avoir échauffé, par « contact, les murailles des édifices; il y a donc une réserve « à faire de ce côté pour la période de chauffage des salles « de réunion.

« Si, au lieu de vouloir échauffer la pièce, on désire la « rafraîchir, comme cela arrive souvent pour les théâtres et « les salles de réunion, il devient indispensable d'extraire « par le plafond l'air vicié. Il est donc nécessaire de se ména- « ger les moyens de faire circuler l'air de haut en bas, pour « échauffer les salles, et de le faire circuler de bas en haut, « pour les rafraîchir.

« La réunion de ces deux procédés, réalisée à l'opéra de « Vienne, par le savant professeur Bohm, a permis d'y

« produire une ventilation parfaite, jointe à un chauffage « excellent. »

Dans les cellules qui sont des locaux d'une capacité relativement restreinte, cette précaution ne nous paraît pas d'une nécessité absolue. L'ouverture fréquente des portes et celle des fenêtres à châssis mobiles, n'obligent pas à une telle ordonnance de la ventilation. Il suffit que la chaleur débouche du bas, dans un angle de la cellule et que l'air vicié s'échappe, vers le haut, par un orifice correspondant diagonalement à la bouche de chaleur. En été, la condition préconisée par M. A. Wazon se trouve réalisée par l'ouverture du châssis mobile de la fenêtre; tandis que la bouche du haut, pour l'extraction de l'air vicié, est ouverte, et celle du bas fermée.

Les opinions, que nous venons de citer, de MM. Hudelo et Wazon, ne doivent pas être considérées comme le *non plus ultra* de cette importante question. Quelques hygiénistes, qui font autorité, sont plus exigeants : ainsi M. le général Morin, s'appuyant sur ce fait d'expérience que le volume des gaz et des vapeurs nuisibles qu'émet, par heure, un individu sain est de 32.3 litres et prenant le volume de 30 litres seulement, s'est proposé la solution du problème suivant :

Quel est le volume d'air qu'il faudrait introduire dans un local habité par un homme pour y entretenir un état de salubrité suffisamment voisin de celui de l'air extérieur?

On trouve pour des espaces égaux à 10, 12, 16, 20, 30, 40, 50, 60 mètres cubes que les volumes d'air à extraire et à introduire par heure et par individu, sont respectivement 90, 88, 84, 80, 70, 60, 50, 40 mètres cubes (1).

(1) L. Figuier. — Année scientifique 1873

Cela revient à dire que la capacité d'air dont une personne saine dispose étant C, le volume d'air à remplacer par heure est de 100 — C.

Ainsi supposons qu'il s'agisse d'une caserne, que chaque lit ait 1 mètre de largeur et 2 mètres de longueur, que les séparations soient de 1m,50 et de 1 mètre au pied de chaque lit, qu'enfin la chambre ait 4 mètres de hauteur, le cube total sera 2.50 × 3 × 4 = 30 mètres cubes; il faut en déduire pour la literie, au moins, 2 × 1 × 0.50 = 1 mètre cube; il reste 29 mètres cubes et le volume d'air à fournir serait 100 — 29 = 71 mètres cubes par heure.

« Il n'y a donc pas lieu de s'étonner, de l'impression « désagréable que l'on éprouve quand on entre le matin dans « les chambres de casernes de nos soldats, où il n'existe « aucune ventilation régulière [1]. »

Dans le Congrès international d'hygiène (T. I, p. 215), M. le docteur de Chaumont (Londres) a proposé de fixer à 120 mètres cubes la quantité d'air à fournir par heure et par malade, *dans les cas ordinaires*, et à 125 ou 150 pour les cas plus graves.

Si la connaissance des propriétés vivifiantes de l'air remonte à la plus haute antiquité, on peut dire que le feu était connu de l'espèce humaine, dès l'apparition de celle-ci sur le globe. Des débris de foyers, de cendres et de charbons, ont, en effet, été signalés dans les terrains de l'époque préhistorique [2]. Il ne serait, dès lors, pas autrement utile de démontrer la nécessité du chauffage, puisque, dès que le feu fut

---

(1) Morin. — Note présentée en 1872 à l'Académie des sciences *sur les volumes d'air nécessaires à la salubrité des lieux habités.*

(2) Wazon, *Chauffage et ventilation. — Origine du chauffage.* — M. E. Dupont fait remonter la haute antiquité humaine dans nos contrées belges à l'époque quaternaire.

connu et mis à la portée de l'homme, celui-ci sut apprécier toutes les ressources qu'il offre pour combattre l'action souvent mortelle de l'hiver, des climats froids et des contrées humides.

Pour se conserver en bonne santé, le corps humain doit posséder une certaine température, 37° en moyenne, quel que soit le climat sous lequel il séjourne. Les recherches de Lavoisier ont démontré que la source de la chaleur, chez l'homme comme chez certains animaux, est due à l'oxydation (ou combustion) d'impuretés contenues dans le sang et l'on évalue à 250 ou 300 grammes le poids de la matière ainsi brûlée en 24 heures dans l'homme adulte et dans les conditions ordinaires. L'activité de cette combustion est entretenue par la respiration et par la nutrition.

C'est donc le résultat, et non la cause de l'accomplissement des actes propres à notre organisme. C'est le contraire de ce qui se passe dans une machine à vapeur; là, pas de chaleur, pas d'action ; dans la machine humaine, pas d'action, pas de chaleur [1].

Le corps humain, ce merveilleux laboratoire de chimie, a besoin de se maintenir à une température variable, entre des limites déterminées. Les pertes de chaleur, occasionnées par l'une ou l'autre cause, doivent être récupérées par l'un ou l'autre moyen. L'alimentation sera forcément plus substantielle dans les pays froids que dans les pays chauds ; de même que le rafraîchissement du corps deviendra une nécessité d'autant plus impérieuse que la température sera plus élevée.

Hayes prétend que les Esquimaux de l'île de Melville peuvent consommer, dans une journée, employée à la chasse, jusqu'à 12 livres de viandes grasses ; mais qu'ils supportent souvent un froid de 46°, soit, avec la température intérieure du corps humain, une différence de + 37° à — 46° ou 83°.

---

(1) V. Ch. Joly.

On a vu, d'autre part, que le minimum de la température la plus convenable du milieu dans lequel l'homme valide peut séjourner, sans perte sensible de chaleur interne, est de + 15° ou + 16°. En-dessous de cette température, le corps humain, dans l'inaction musculaire, se refroidit, et dépérirait s'il était condamné à cette inaction; tandis que s'il était constamment entretenu dans une atmosphère d'une température supérieure et invariable, il ne tarderait pas à s'atrophier et à perdre de son énergie musculaire. Il importe donc de chauffer les édifices publics à une température suffisante pour compenser la perte de chaleur que le corps peut éprouver pendant la période des froids de l'hiver, et il est indispensable d'entretenir les cellules des détenus à une température peu différente de 15 à 16 degrés.

Les poêles en usage dans les appartements et dans les locaux restreints, deviennent sans efficacité et très-dispendieux, lorsqu'ils sont appliqués au chauffage des édifices publics.

C'est un mode auquel on a renoncé presque partout et on a généralement recours, lorsqu'on veut chauffer un édifice de quelque importance, à l'un des modes ci-dessous qui peuvent être classés comme suit :

CHAUFFAGE	par l'air chaud		simple, sans propulseur. avec propulseur.
	par l'eau chaude.	Circulation indirecte et circulation directe	à haute pression et à basse pression.
	par la vapeur		à haute pression et à basse pression.
	par l'eau et par la vapeur combinées		à haute pression et à basse pression.

La caléfaction par l'air chaud consiste à faire pénétrer l'air frais dans un espace restreint, dit *chambre chaude*, où se trouvent un poêle d'un volume plus ou moins grand et une série de tuyaux ou conduits de fumée; cet air frais, une fois échauffé, est dirigé par ces conduits vers les appartements et les locaux à chauffer, situés dans les parties élevées et éloignées, et dans lesquels il débouche par des ouvertures pratiquées dans les murailles.

Les formes et les combinaisons varient à l'infini. Nous avons signalé, à l'article *poêles-calorifères*, les combinaisons remarquables qu'offrait l'Exposition.

La plupart des foyers de ces calorifères sont en fer de fonte et donnent lieu à l'inconvénient des poêles de fonte, celui de produire une plus ou moins grande quantité d'oxyde de carbone. Nous avons vu que divers systèmes tendent à obvier à cet inconvénient.

On reproche encore aux calorifères de déverser dans les locaux habités une chaleur desséchante. Pour éviter cet inconvénient, des constructeurs ont imaginé de placer dans les conduits, ou dans la chambre chaude, des réservoirs d'eau dont la vaporisation donne à l'air chaud l'humidité qui lui manque. Mais ce qui rend surtout ce mode de chauffage peu applicable, lorsque l'édifice est d'une certaine étendue, c'est que, par ces appareils, l'air chaud peut difficilement être porté au-delà de 20 mètres, en projection horizontale; il s'ensuit que, pour un édifice tel qu'un hôpital, une prison, qui aurait un développement d'ailes de bâtiments de 800 mètres, par exemple, il faudrait environ 40 calorifères, répartis dans les souterrains de l'édifice.

Une telle installation est peu économique et exige un personnel nombreux. Cependant, il existe de belles et heureuses applications de ce mode de chauffage aux grandes salles de réunion, théâtres, amphithéâtres, bourses, cafés, etc. Mais presque toujours, alors, il est complété par un propulseur d'air chaud et quelquefois par un extracteur d'air vicié.

***

Le chauffage, par la simple circulation de l'eau, c'est-à-dire par le passage de l'eau dans des tuyaux, n'est pas une invention récente; suivant certains auteurs, les Romains l'employaient dans les étuves et dans les thermes. Quoi qu'il en soit, la première application moderne en a été faite en Angleterre, par Evelyn qui, frappé des inconvénients des modes de chauffage de son époque, surtout pour les plantes de serres, avait disposé, vers 1675, un appareil dont la description, avec une figure explicative, a paru dans le *Kalendarium Hortense* (¹).

On cite ensuite Martin Triewald qui établit, vers 1716, à Newcastle, une disposition pour chauffer une serre, avec chaudière à eau chaude placée à l'extérieur et des conduits sous le sol.

Enfin, le premier qui, en France, fit une sérieuse application du chauffage par l'eau chaude, fut Bonnemain qui n'employa d'abord ce mode que pour les incubations artificielles. Il pratiqua cette industrie pendant longtemps et alimenta de volailles les marchés de Paris. Ce mode fut plus tard mis en pratique pour le chauffage des bains et pour celui des serres.

Voici comment M. V. Ch. Joly énumère les inconvénients et les avantages de ce mode de chauffage :

« 1° Il exige une dépense d'installation assez élevée, ce qui en empêche l'emploi dans une foule de cas ; 2° il ne produit tout son effet qu'après un certain temps, la grande quantité d'eau à chauffer n'atteignant que lentement la température voulue ; 3°, une fois les tuyaux échauffés, le refroidissement, s'il est nécessaire, est lent à se produire ; ce qui est un grand avantage pour les serres, est quelquefois un inconvénient pour

(¹) *Traité de la ventilation et de la chaleur*, par V. Ch. Joly.

l'habitation, surtout dans un climat variable comme le nôtre ; d'où il suit qu'il faut toujours combiner ce chauffage avec une ventilation convenable et des arrêts particls de circulation. Enfin, on reproche à ce système de ne pas avoir la gaieté d'un feu apparent, d'exposer nos appartements à des fuites par les joints des tuyaux et de charger la maison d'un poids d'eau considérable.

« En revanche, et pour les climats du Nord surtout, les avantages sont nombreux.

« 1° La grande capacité calorifique de l'eau et la permanence de sa circulation, longtemps après l'extinction du feu, assurent une grande régularité de température et cela dans toutes les parties de la pièce, malgré les interruptions du chauffage ; 2° la température de l'air est toujours modérée ; il est même difficile de l'élever beaucoup avec de grandes surfaces de chauffe. De là, la salubrité de ce mode de chauffage, parce qu'il ne modifie jamais l'air d'une manière fâcheuse comme les surfaces métalliques ; 3° on peut porter la chaleur à de très-grandes distances, même dans le sens horizontal et malgré les coudes, ce qui n'est pas possible avec l'air chaud ; 4° les pièces sont chauffées plus également dans toutes leurs parties, tandis qu'avec nos cheminées, les courants dus à diverses causes, rendent la température très-variable, suivant la place qu'on occupe ; 5° ce chauffage exige peu de travail de la part des domestiques et très-peu de combustible, si la chaudière est bien disposée et la surface de chauffe bien comprise ; 6° on a dans tous les appartements et sans autres frais, de l'eau pour les bains et les lavabos ; 7° on évite toutes les impuretés et les poussières de l'atmosphère entrant constamment dans les pièces, par les bouches de chaleur, ce qui est très-important pour les objets d'art, bibliothèques, musées, etc.; 8° on supprime l'intervention des domestiques dans l'appartement pour entretenir et nettoyer les foyers ; 9° on peut placer les tuyaux, soit horizontalement, soit verticalement dans des gaînes ou des pilastres garantissant des fuites ou servant en même temps à assurer la ventilation; 10° pas de cheminées qui fument et détériorent les appartements, la combustion ayant lieu en bas et par conséquent avec un tirage meilleur; 11° les chances d'incendie sont presque nulles pour les archives, musées, etc.; 12° enfin, on peut multiplier les surfaces de transmission à l'infini, par des serpentins ou des ailettes, de manière à augmenter à volonté la température sur un point donné. »

Les propriétés de l'eau chaude, appliquée au chauffage, ont donné l'idée de distribuer la chaleur dans les villes, tout comme on y distribue le gaz d'éclairage, l'eau potable, l'électricité pour télégraphes et pour horloges. Cette idée est mise en pratique à Chaudesaigues, dans le département du Cantal, où les eaux d'une source thermale possèdent une température de 90°; elles sont envoyées par des tuyaux, dans les maisons, pour les usages domestiques et servent dans plusieurs d'entre elles au chauffage des appartements pendant l'hiver.

Le chauffage à eau chaude est généralement à basse pression, c'est-à-dire qu'elle est chauffée à la pression atmosphérique. Au sortir de la chaudière, elle se rend, par un tuyau, dans un vase à air libre, appelé *vase d'expansion*, placé à une certaine hauteur d'où elle redescend en circulant dans les différents locaux à chauffer. Par ce dispositif, la température de l'eau, ne peut pas dépasser 100°, c'est-à-dire la température de l'ébullition du liquide.

Dans la primitive application du mode de chauffage à l'eau chaude aux prisons cellulaires, les tuyaux de conduite sont généralement logés dans une gaîne en maçonnerie pratiquée en sous-sol, ou régnant sous les balcons des galeries. De ces gaînes, des conduits distributeurs d'air chaud sont dirigés vers chacune des cellules.

Ce dispositif est actuellement abandonné pour les prisons nouvelles en France, en Angleterre et en Allemagne; il l'est également en Belgique, depuis qu'on a reconnu que la chaleur ne se répartit pas uniformément dans toutes les cellules et qu'il en est qui ne reçoivent que peu d'air chaud ou même point.

L'introduction des tuyaux d'eau chaude, dans les cellules, donne de meilleurs résultats. Aussi, l'administration des prisons de Belgique transforme-t-elle, chaque année, suivant que le crédit le permet, le mode de chauffage des anciennes prisons cellulaires.

Vers 1830, un ingénieur anglais, Perkins, proposa le chauffage à eau chaude dit à *haute pression ;* c'est-à-dire la circulation de l'eau, chauffée à plus de 100 degrés de température, dans des tubes et dans des vases absolument fermés.

Ce mode fut décrit dans tous ses détails, en 1856, par Richardson. Il se compose d'un foyer fermé en briques, dans l'intérieur duquel se trouve un serpentin formé par des tuyaux de fer ayant 0m,027 de diamètre à l'extérieur et 0m,0012 à l'intérieur. Ce tuyau s'élève dans les locaux à chauffer et l'eau y circule, avant de retourner au foyer. A la partie supérieure, le tuyau aboutit dans un vase d'expansion, *hermétiquement clos*, d'où l'eau retourne à son point de départ.

Ces appareils à haute pression ne sont pas sans défauts ni sans dangers, ils peuvent même, par l'action de la haute température à laquelle sont élevés les tubes, causer des incendies, en carbonisant à la longue les bois près desquels ils passent, et donner lieu à des fuites et à de dangereuses déchirures.

Les chauffages par la vapeur prirent naissance dans les ateliers et les usines où l'on dispose généralement de nombreux générateurs de vapeur pour la force motrice des métiers, etc., et nous avons vu, précédemment, par les descriptions des appareils de la prison de Nanterre, de la prison de la Santé et de l'hôtel de ville à Paris, que ce mode de chauffage prend, en France, une grande extension. Il a, sur le chauffage à eau chaude, une supériorité incontestable qui résulte de ce que la surface de chauffe qu'il exige doit être beaucoup moindre, pour produire le même effet. Il faut, pour le chauffage par l'eau, deux fois et demie environ, plus de surface utile de tuyaux qu'il n'en faut pour l'emploi de la vapeur.

Mais ces appareils, bien que très-économiques, présentent quelque danger. Ils exigent les mêmes précautions que les chaudières à vapeur employées dans l'industrie, et ne peuvent donc convenir que pour les grands établissements, pour les prisons de 1,000 détenus et au delà. Leur direction nécessite un personnel capable et spécial. Nous estimons qu'ils ne seraient guère applicables aux prisons belges où le nombre de cellules ne dépasse pas 500 ou 600 pour les plus grandes maisons de sûreté ou pénitentiaires, et où le service du chauffage se fait par les détenus. Il est vrai que le chauffage par la vapeur, à basse pression, diminue le danger d'explosion et que, pour éviter le danger des fuites qui pourraient se produire nuitamment, dans les cellules où la vapeur ne tarderait pas à asphyxier le détenu, on a recours à une combinaison de chauffage par l'eau et la vapeur, c'est-à-dire que, pour certains locaux où le danger des fuites de vapeur devrait absolument être écarté, la vapeur serait remplacée par des poêles à eau ou une circulation d'eau chauffée par la vapeur, ainsi que cela se pratique, pour certains locaux, à la prison de la Santé, à Paris. Mais, comme nous l'avons dit, pour que ce mode de chauffage fût économiquement applicable aux prisons belges et qu'il pût y offrir toutes les garanties de sécurité, il faudrait apporter à la construction des prisons de notables modifications que l'examen des travaux de la prison de Nanterre peut faire aisément concevoir.

TABLE DES PLANCHES.

TABLE DES MATIÈRES.

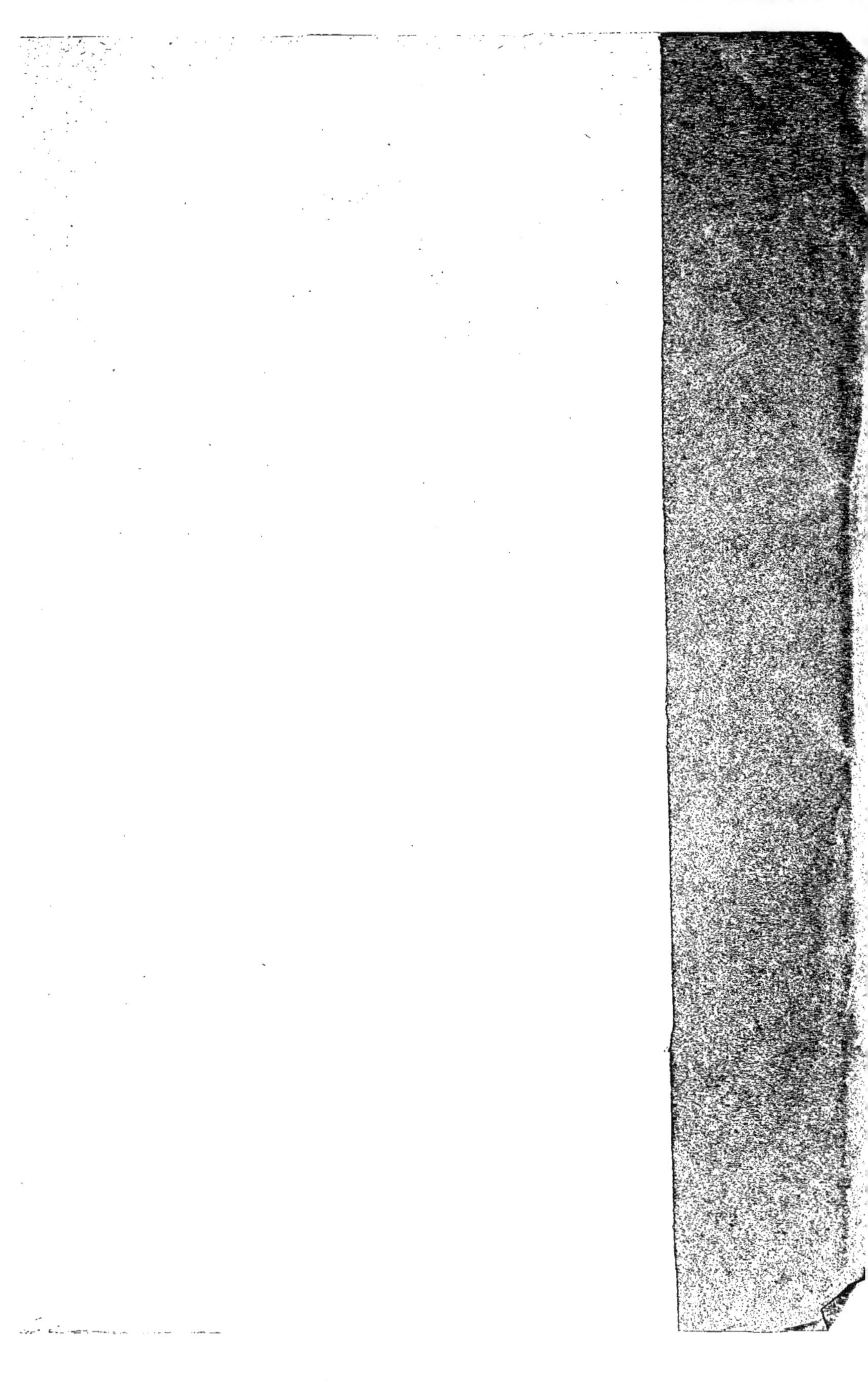

www.ingramcontent.com/pod-product-compliance
Ingram Content Group UK Ltd.
Pitfield, Milton Keynes, MK11 3LW, UK
UKHW020341230726
13925UKWH00003B/913

9 782013 693318